ユミリーの
やってはいけない
お家風水ルール
68

風水建築デザイナー
直居由美里 著

大泉書店

はじめに

「人は住まいから発展する」

これは、私がずっと提唱し続けてきた、ユミリー風水の核となる考えです。

風水は、中国で生まれた環境学。身のまわりの環境を整えることで、より良いエネルギーを呼び込み、運気を後押ししてもらうというものです。

そのなかでも、もっとも重要な環境となるのが、日々の生活を営む住居です。人は家のなかで暮らしながら発想をし、行動しています。家のなかの環境を整え、いかに良い気を巡らせるかが、吉凶の分かれ道。そのために私は、これまで著書や携帯サイトなどを通して、ユミリー流住まいの整え方やインテリアなどをお伝えしてきました。

本書は、そうした風水術を「やってはいけない」という、今までにはない切り口でまとめた一冊です。これまで風水建築やリフォームのお仕事で、数千軒の住まいを拝見してきましたが、多くの方が気の流れを阻害し、巡りを悪くするインテリアや暮らし方を、気づかぬうちに行っています。

例えば……玄関の正面に鏡や窓が配置されていたり、たたきに靴が出しっぱなしだったり、リビングのソファが革製だったり、キッチンの冷蔵庫にメモがたくさん貼られていたり。ほかにもトイレが薄暗く、掃除が行き届いていなかったり、寝室のベッドが梁の下に配置されていたり……。日常生活では何も気にせず過ごしている家のなかですが、それでは残念ながら、運気の発展は望めません。

そうした、誰もが陥りがちな、不運の原因となるインテリアや暮らし方に気づき、早急に改善をして、みなさんの家をもっと良い気で満たして欲しい。そんな思いから、この一冊を作りました。ルールは全部で68個。本書を片手に、ぜひお家のなかを風水パトロールしてみてください。

この本が、少しでも多くの方の運気発展に貢献できますことを、心より願っています。運気が上がると笑顔で過ごせるようになっている！

そんなあなたを再確認できるはずです。

直居由美里

ユミリーのやってはいけないお家風水ルール68

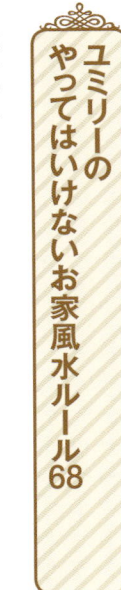

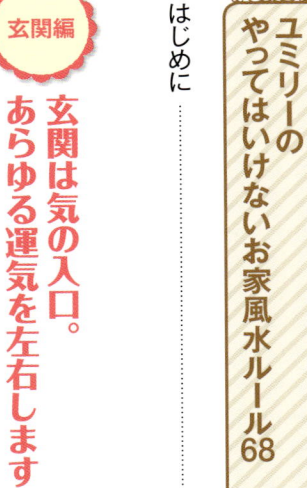

ルール23　クールすぎるインテリアは殺伐とした人間関係を招く……42
ルール24　トイレと隣り合わせだと英気を奪われる……43
コラム2　方位別の風水ルール　リビング編……45

ダイニング編　気を吸収しやすい食事時。英気を養えるインテリアが吉……46
ルール25　テーブルの素材や形で気の巡りが変わる……48
ルール26　ダイニングが暗いと家族の運気が下がる……49
ルール27　扉のない食器棚は良い気を奪う……50
ルール28　食卓に生気がないと家庭不和が生じる……51

キッチン編　キッチンは清潔感が第一　金運や健康運に響きます……52
ルール29　コンロ&冷蔵庫の組み合わせは家庭内のいざこざを増やす……54
ルール30　蓋なしのゴミ箱だと運気がダウン!……55
ルール31　イライラの原因は水まわりのプラスチック製品!?……56
ルール32　冷蔵庫のぺたぺたメモは不幸のはじまり!?……58
ルール33　キッチンマットがないと体調を崩しがちに……59
ルール34　食料ストックの出しっぱなしは仕事運の低下を招く……60
ルール35　シンク下収納の乱れは散財の引き金に!?……61
ルール36　汚れたキッチンは金運ダウンを加速させる……62
ルール37　大量に溜まった洗いものは出費やケガのもと……64
ルール38　薄暗いキッチンはマイナスの気を呼び寄せる……65
コラム3　方位別の風水ルール　キッチン編……66

バス編

一日の厄を洗い流す場。湿気対策を万全にしましょう …… 68

ルール39 バスマットがない家は開運効果があがらない …… 70

ルール40 黒いアイテムは陰の気を充満させる …… 71

ルール41 換気が不十分な浴室だと幸運を逃してしまう …… 72

ルール42 バスタブの残り湯は好ましくない気の温床に …… 74

ルール43 不運の原因は、小物の並べ方にあった!? …… 75

ルール44 石や岩を多用した空間は心身を疲弊させる …… 76

ルール45 無機質すぎるバスルームは良運に嫌われる …… 77

ルール46 ぐちゃぐちゃの洗面台だと運気が停滞気味に …… 78

ルール47 むき出しの洗濯物は美容運・恋愛運をマイナス …… 79

トイレ編

健康運と密接な関係のトイレ。掃除が最善の運気アップ術 …… 80

ルール48 掃除がおろそかなトイレは健康運に悪影響 …… 82

ルール49 暗くて寒いトイレは心身に良くない影響を及ぼす …… 83

ルール50 臭い対策が不十分だと悪い気がトイレ内に充満! …… 84

ルール51 にぎやかな内装だとかえって運気が低下!? …… 86

ルール52 マットやスリッパがないと邪気が足元から侵入し運気ダウン …… 87

仕事部屋編

集中できる独立した部屋が○。仕事運の発展を支えます …… 88

ルール53 デスクが壁を向いていると仕事運が停滞する …… 90

ルール54 独立したスペースを設けないと仕事のミスが増えてしまう …… 91

ルール55 雑然としたインテリアでは仕事で成功をおさめられない …… 92

コラム4 方位別の風水ルール　仕事部屋編 …… 94

寝室編

玄関に次いで重要なスペース。活力となる気のチャージが目的 …… 96

ルール56 ドア正面に枕がある配置はスタミナダウンの原因 …… 98

ルール57 慢性疲労の原因は寝室に置かれた鏡にアリ!? …… 100

ルール58 スチール製のベッドは運気にマイナス効果 …… 101

ルール59 寝室の照明タイプが運気の分かれ道 …… 102

ルール60 カーテンのない寝室では英気を養えない …… 104

ルール61 寝室に過度の電化製品を置くと気が乱れ運気が下がる …… 105

ルール62 余計な荷物は気を遮り良運の妨げに …… 106

ルール63 天井に凹凸のある寝室は体に不調が起きやすい …… 107

ルール64 枕もとはスッキリと　物が多いと運の悪い人に!? …… 108

ルール65 ドアや仕切りのない寝室は体調不良を招く …… 110

ルール66 たくさんの植物があると反対に体調を崩す …… 111

コラム5 方位別の風水ルール　寝室編 …… 112

子ども部屋編

成長過程はたくさんの気を吸収。良好な気で部屋を満たしてあげて …… 114

ルール67 壁に向かって机を置くと発想力も運気もダウン …… 116

ルール68 ダークな色合いのインテリアはエネルギー低下につながる …… 118

体験談紹介 お家を変えたらこんなに運気UP! …… 120

運別逆引きインデックス …… 124

玄関は気の入口。あらゆる運気を左右します

家の顔でもある玄関は、風水の最重要ポイント。良好な気が舞い込むよう努めましょう。

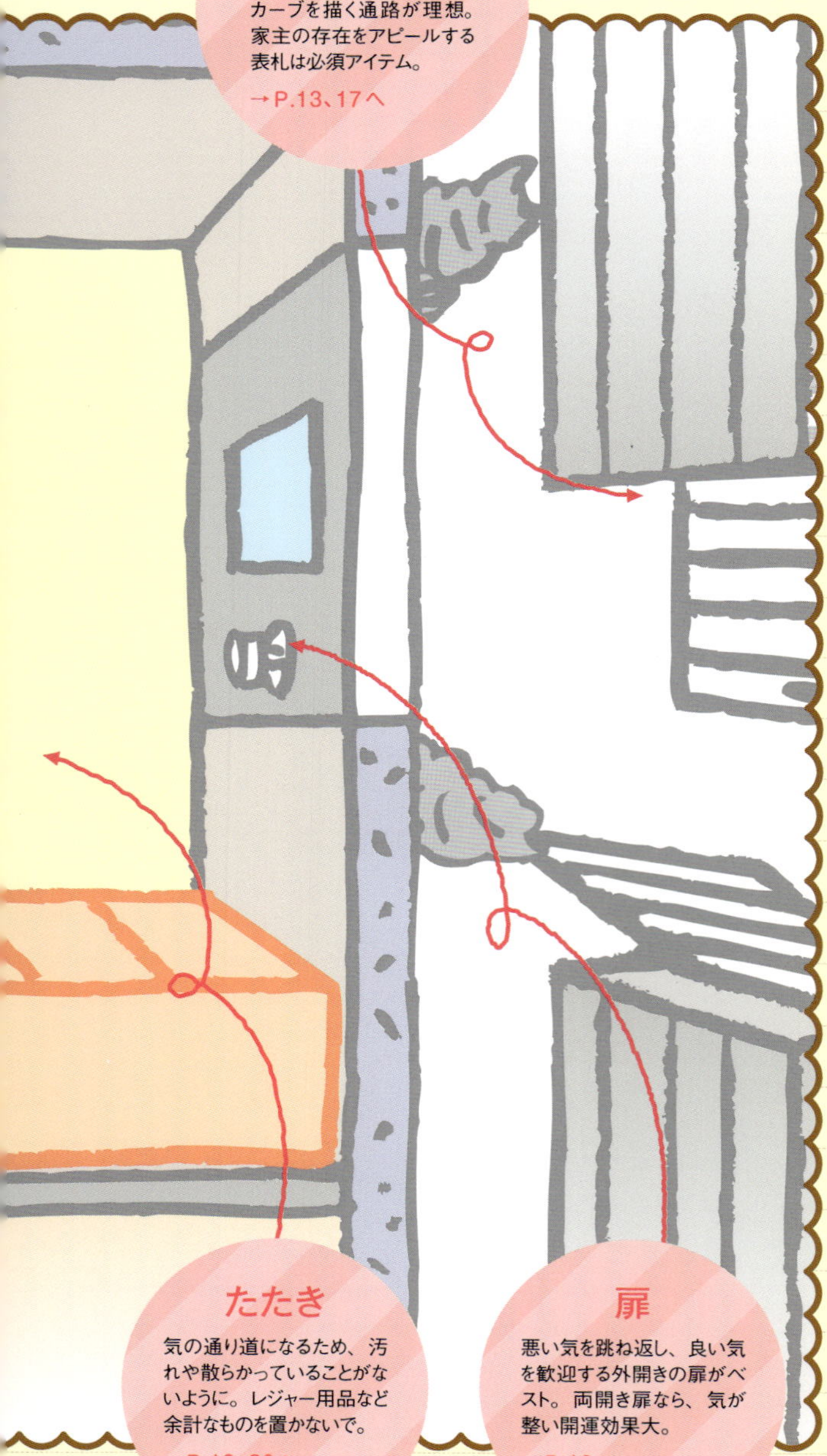

玄関外
（門、表札のこと）

門から玄関まで、ゆるやかなカーブを描く通路が理想。家主の存在をアピールする表札は必須アイテム。

→P.13、17へ

たたき

気の通り道になるため、汚れや散らかっていることがないように。レジャー用品など余計なものを置かないで。

→P.10、20へ

扉

悪い気を跳ね返し、良い気を歓迎する外開きの扉がベスト。両開き扉なら、気が整い開運効果大。

→P.18へ

4

窓

窓があることで玄関が明るくなるのは吉。ただし、窓の位置に注意。正面や横にある場合、気が逃げない工夫を。

→P.14へ

小物（鏡）

玄関正面の鏡は、気を跳ね返すためNG。望ましいのは、玄関を入って左か右。仕事運や金運アップを後押しします。

→P.16へ

照明

暗い玄関は、運気低下を引き起こします。窓からの採光や照明を使って、明るさをキープするよう配慮を。

→P.21へ

床

たたきと床は段差があるほうが吉相。玄関マットは必ず置きましょう。玄関から入った邪気を吸い取ります。

→P.12へ

ルール
01

物であふれる玄関は幸運を逃す！

玄関はすっきり整理整頓が基本

玄関は気の入口 物は気の流れの妨げに

玄関は、外からの気が家の中に流れ込む入口となる場所。脱ぎっぱなしの靴が散乱していたり、ゴルフバックや自転車などのレジャー用品で溢れていたり、子どものおもちゃが置かれていたりすると、気の流れを妨げてしまい、せっかくの良い気をキャッチできません。特に注意したいのは、ゴミの置きっぱなし。玄関のタタキに大きなゴミ袋などがあると、良い気を妨げるどころか、悪い気がどんどん溜まってしまい、不幸を招く原因に。タタキや玄関まわりは、常にすっきり整理整頓を心がけましょう。

よく似たお悩み
ルール08 → P.20
ルール15 → P.32
ルール46 → P.78

家の入口を
物で遮らない
ことが大切
Before
After
ペアの置物は
玄関に顔を向けて
清々しい玄関は
良い運気が
舞い込みます

靴が散乱し、大きなゴルフバッグが置かれた玄関。よく見られる光景ですが、これでは幸運を呼び込めません

すっきり片付いた玄関には、良い気が巡ります。ラッキーアイテムの鳥を飾れば、さらに運気アップ

ユミリーのもっとハッピーアドバイス

幸せを呼びこむ鳥のアイテムを飾って

　鳥は、家に幸せを運んでくれる動物と考えられています。良好な気を呼び寄せるため、鳥をモチーフにしたアイテムを、ぜひ玄関に飾りましょう。おすすめは、幸福の象徴である白いフクロウの置物。鳥の顔を玄関のドアに向けるように飾りましょう。

ルール

02

玄関マットがないと邪気が侵入してしまう

マットで良い気を取り込む工夫を

自然素材のマットは玄関のマストアイテム

気の入口である玄関からは、当然、良くない気（邪気）も侵入します。入口でシャットアウトしなければ、家中が邪気で満たされることに。そこで、玄関に必ず置いてほしいのが、マットです。綿や麻などの自然素材で作られたマットを置きましょう。悪い気を吸い取り、良い気だけが家の中に流れ込むようになります。

Before
After
玄関マットは
悪い気を吸い取り、
良い気を家の中へ

よく似たお悩み
ルール39 →P.70

ルール

03

水で濡れたものは玄関にNG

水気は不運のもと 傘や傘立ては玄関の外に

濡れた傘は、「陰の気」家運アップを阻害

水で濡れた傘を玄関に置いておくと、運気アップの足を引っ張る「陰の気」がこもってしまいます。傘立てはできるだけ玄関の外へ置いて。どうしても難しい場合は、こまめに玄関の外へ出して、陰の気が玄関内にこもらないようにしましょう。傘立ては、陰の気をやわらげる、白い陶器製のものがおすすめです。

Before
濡れた傘は「陰の気」をこもらせてしまう

After

よく似たお悩み
ルール41 → P.72
ルール50 → P.84

ルール
04

良い気をつかむなら窓の位置に注意

正面に窓があると運気を逃す結果に

気は取り込むだけではなく循環させることが大切

玄関から取り込んだ気は、できるだけ室内で循環させることで、私たちをより強力にバックアップしてくれるエネルギーへと変化します。つまり気は取り込むだけではなく、循環させることが大切ということ。ところが、玄関の正面に窓があると、せっかく取り込んだ気を循環させることなく、そのまま逃す結果になってしまいます。その場合は、玄関と窓の間に観葉植物やパーテーションを置いて、気がスルーしないように工夫しましょう。そして、玄関正面の窓は、必要がない限りなるべく開けないように努めましょう。

よく似たお悩み
ルール05 → P.16
ルール19 → P.37

運気は取り入れ
循環させるのが
鉄則です
Before

正面の窓から気が通り抜けてしまう玄関。せっかく風水ルールを実践していても、これでは意味がありません

After
背の高い
観葉植物を
置いてもOK

パーテーションや観葉植物を置けば、ドアから窓へと気が一直線に抜けるのを避けることができます

ユミリーのもっとハッピーアドバイス

窓の位置にあわせて気を循環させる対応を

玄関を入って左か右どちらか片方に窓がある場合、気は弧を描いて逃げてしまいます。その場合は、窓の前に観葉植物や鏡を置きましょう。玄関脇に窓がある場合も同様です。窓の前に扇風機を置き、気を室内へ送りこむと、逃げずに循環します。

ルール

05

鏡の置き場所が運気を左右する

玄関正面にある鏡は良好な気を跳ね返す

鏡を置くなら玄関を入って右か左へ

玄関の正面に鏡があると、せっかく家のなかに舞い込んだ良い気を、跳ね返してしまいます。布などで覆って、鏡面がむき出しにならないよう工夫しましょう。鏡を配置するなら、玄関を入って右側か左側がベストです。右側なら地位や名誉をあげ、仕事運アップにつながります。一方、左側なら金運アップに効果的です。

よく似たお悩み
ルール57 → P.100

ルール
06

主人の存在をアピールし家運アップ！

表札がない家は運気が発展しづらい

玄関の前に木製に墨文字の表札を

表札は家の顔。必ず玄関の前に出すようにしましょう。表札がないと主人不在の象徴となり、家運が下降気味になります。表札は木製のものを選びましょう。プラスチック製だと火のエネルギーが強く、石製だとエネルギーが強力すぎて、いずれも人を遠ざける結果に。木製に墨文字で名字を書いたシンプルな表札が一番です。

よく似たお悩み
ルール31 →P.56

ルール

07

玄関の置物は「一対」を心がけて

一匹だけの置物はかえって運気に悪影響

玄関前に飾りたい 家の守り神・シーサー

玄関前に犬や猫などの置物を置いている家も多いことでしょう。気をつけたいのは、その数。玄関はさまざまな気が流れ込み、気が乱れやすい場所。一匹だけの置物だと、さらに気を乱す原因になります。必ず一対でシンメトリーに置いて、気を安定させるようにしましょう。玄関前にもっとも適しているのは、シーサーの置物です。家の守り神であるシーサーが、邪気を跳ね返してくれます。素材は強烈なエネルギーを放つ、石製や金属製が◯。玄関内に置くなら、福や人を招く招き猫を。２つ購入して必ずペアで置きましょう。

よく似たお悩み
ルール02 →P.12

玄関では
気を安定させる
よう努めて
Before

玄関前に家の守り神として、動物などの置物を置くのは吉ですが、一匹だけだと気を乱す原因になるので注意

After
シーサーが
邪気を強力に
跳ね除けます

置物は２匹を左右対称に置くのが風水ルール。家の守り神として好ましいのは、沖縄のシーサーです

ユミリーのもっとハッピーアドバイス

玄関の厄除けにはドアベルも有効

玄関のドアベルは、ラッキーアイテム。風水では、音の鳴るものは邪気をはらうと考えられているからです。心地よい音のベルをつけましょう。人間関係を司る方位である、南東側に取り付けると、人脈が広がり社交運アップも期待できます。

ルール

08

気の入口は美しく清潔に

たたきが汚れた玄関は不幸のはじまり

せっせと水ぶきして邪気を取り除いて

玄関のたたきは気の通り道。汚れていると、邪気となって家の中に流れ込み、仕事運や健康運、金運が悪化。できればたたき掃除を日課にし、毎日水ぶきでぴかぴかに。仕事の目標や人生の夢を「こうなります、こうなります」とつぶやきながら行うと、良い結果が出ます。仕事での営業成績をあげたい人は、靴磨きも欠かさずに。

Before
After
毎日水ぶきで
ぴかぴかに

よく似たお悩み
ルール02 →P.12

ルール
09

暗い玄関は家運も暗くしてしまう

家の顔である玄関には明るさが必須

自然光や照明を使って明るさキープ

家の顔である玄関が、暗くどんよりしていては、運気もよどみ低下傾向に。自然光が降り注ぐ玄関がベストですが、難しい場合は照明器具を置き、明るさをキープするように心がけましょう。色鮮やかな生花を飾って明るさを演出してもOKです。照明器具は、丸みのあるものを選ぶと、金運を呼び込んでくれます。

Before
After
外出するときには
照明を消してもOK

よく似たお悩み

ルール10 → P.26
ルール26 → P.49
ルール38 → P.65
ルール59 → P.102

Column1

方位別の風水ルール

玄関編

方位により家庭運や金運、仕事運が左右される玄関。対策をしっかりと。

北

陰の気が強い方位なので、暗くなりがち。特に冬場は冷えやすく、健康運にダメージがでる可能性が。温もりのある空間づくりを心がけましょう。

北東

古くから「鬼門」とされ、玄関には避けたい方位です。できれば扉だけでも、東や南東、南側に設けるようにして。掃除を徹底し、いつも清潔に。

東

運気の発展が望める吉方位。社交運が盛んになり、健康運も上向きに。明るい色の木材を取り入れたり、ベルなど音の鳴るものを置くと、さらに○。

南東

玄関のベスト方位です。南東の玄関は陽の気で溢れるため、家庭運も家主の仕事運も上昇。換気をこまめに行い、風通しを良くするよう努めましょう。

南

玄関に好ましい方位。信用や名声が増すので、仕事で成功を収めたい人にぴったり。クリスタルなど、光るアイテムを飾ると幸せをたくさん呼び込めます。

北東

東

南東

あなたの家の玄関の方位はどこ？

北西	北
西	中央
南西	南

北西

この方位に玄関があると、一家の主が仕事で発展する一方、家を留守にしがち。散らかった玄関は、主不在を加速させるため、片付けを習慣化しましょう。

西

金運と関係が深い方位のため、一歩間違うと浪費を招く危険があります。散財を促す西日が差し込む場合は、必ず遮光カーテンを吊るして。

南西

風水では凶運とされる「裏鬼門」に位置。できるだけ開閉するドアを南側に配置するなどして、玄関が真南西になるのを避けるようにしましょう。

中央

家の中央部に玄関がある場合、光が届きにくく、風の流れも滞りがち。気の巡りが悪くならないよう、明るい雰囲気と風通しの良さを考慮した造りにして。

家族運と深く関わる空間。居心地の良さを最優先して

明るさや温もり感を大切にし、家族が自然と集まるような空間づくりを目指しましょう。

照明・窓

自然光が差し込むようなレイアウトにし、照明器具も上手に利用して、人が集まりたくなる明るい空間に。

→P.26、37、40へ

AV機器

電化製品は気を乱すので、必要最小限に。音の出るテレビや音楽プレーヤーは、相性の良い東側へ配置します。

→P.38へ

4

観葉植物

気を整える観葉植物は家電の近く、または部屋の角に置けば、乱れた気を吸収してくれます。

→P.28へ

ソファ

強い気を放つ革製ではなく、布製や籐製を選んで。ドアから入る良い気を受け、部屋全体を見渡せる場所へ配置。

→P.27、30、35、42へ

収納

すっきり片付いたリビングが理想です。物を床に置くのは、気の通り道をふさぐことになるのでやめましょう。

→P.31、32へ

テーブル

リビングに置くテーブルは、木製で背が低く、角が丸いデザインが○。室内の気を緩やかに循環させます。

→P.42へ

ルール

10

明るい空間づくりで社交運アップ！

暗いリビングは人を遠ざけてしまう

明るい部屋には自然と人が集まる

家族が集い、時には友人などを招く場でもあるリビング。自然光がさしこまず、照明も少なく、暗い雰囲気だと、社交運が低下。人間関係に悪影響を及ぼします。明るさを意識した空間にし、良い気を循環させるべく換気もこまめに。日光が当たる窓辺にクリスタルを吊るすと、より明るさが増すうえ、良い気を部屋中に拡散できます。

よく似たお悩み

ルール09 → P.21
ルール10 → P.26
ルール38 → P.65
ルール59 → P.102

ルール

11

ドアからの気を直接受けない場所へ

ソファの配置によって開運度が変わる!?

気をゆるやかに受ける場所がベスト

ソファは、ゆっくりくつろぎながら良い気をチャージするスペース。リビングのドア正面に置かれていると、入ってくる気を直接体に受けてしまい、くつろぐ場としては好ましくありません。ドアから離れていて、部屋全体を見渡せるような場所に配置しましょう。また、部屋の南東にソファを置くと人脈が広がります。

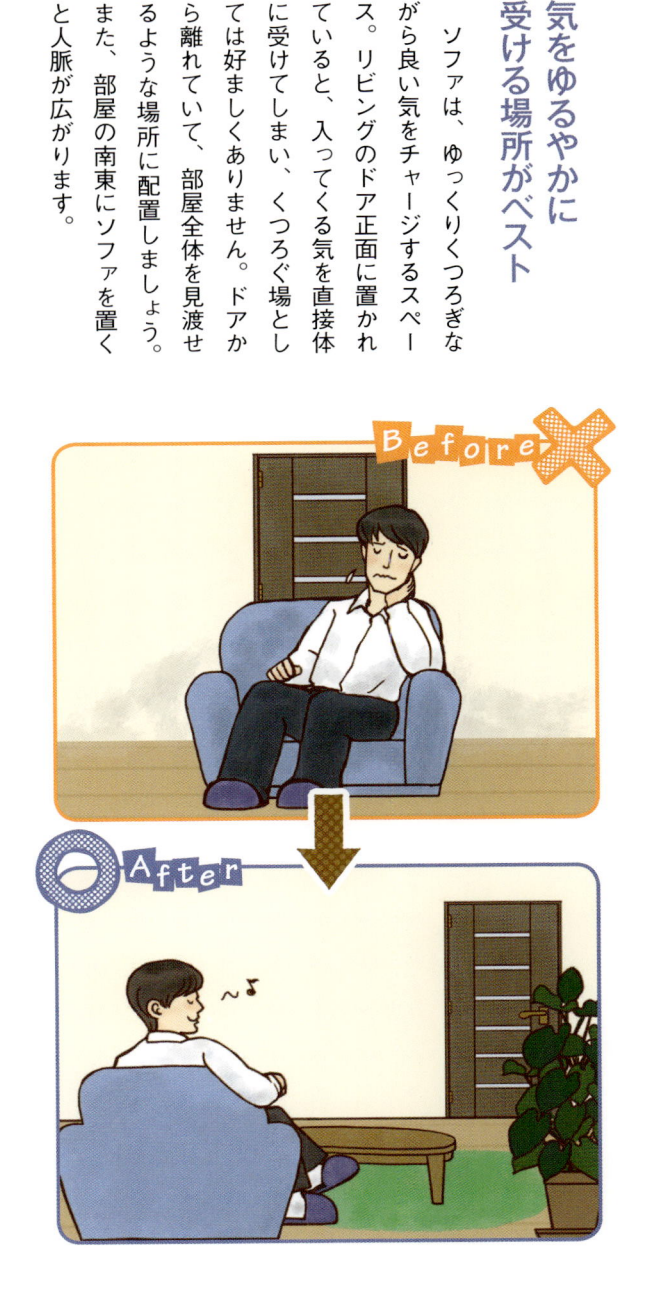

よく似たお悩み
ルール13 → P.30
ルール23 → P.42

ルール

12

生きたパワーが凶運を吸収

観葉植物のない家は争いごとが起きやすい

リビングの観葉植物が家庭円満の秘訣

観葉植物は、部屋の気を浄化するほか、家庭内の乱れた気を吸い取ってくれる優れもの。リビングに置くと家庭円満が望めます。また、観葉植物は電化製品の邪気も吸収するので、テレビをはじめ、電化製品が多く置かれがちなリビングに最適です。置き場所は、特にこだわる必要はありませんが、部屋の角などを隠すように置くと、気がゆるやかに循環するので◯。同じ理由から、なるべく丸い葉の観葉植物を選びましょう。トゲのあるサボテンは、あまりに強力なパワーを放つため、リビングには不向きです。

よく似たお悩み
ルール28 → P.51
ルール45 → P.77

生気が薄いと
家庭内で
いざこざが多発
Before
After
観葉植物は
リビングの
救世主です

植物やペットなどが発する"生気"が薄いリビングは気が乱れ、争いごとも起きやすくなります

リビングに観葉植物を置くと良好な気が巡るようになり、家族の運気もアップ。邪気も浄化します

ユミリーのもっとハッピーアドバイス

観葉植物の種類は目的にあわせて選んで

例えば金運アップには「モンステラ」、仕事運アップなら「パキラ」、恋愛運アップなら「シルクジャスミン」や「ベンジャミン」など、運気別におすすめの観葉植物があります。全体的に運気をアップさせたいなら「幸福の木」を置きましょう。

ルール

13

家具は気の流れを整える素材に

革製のソファや椅子だと人間関係が悪化

布製や籐製がベター 形にも注意

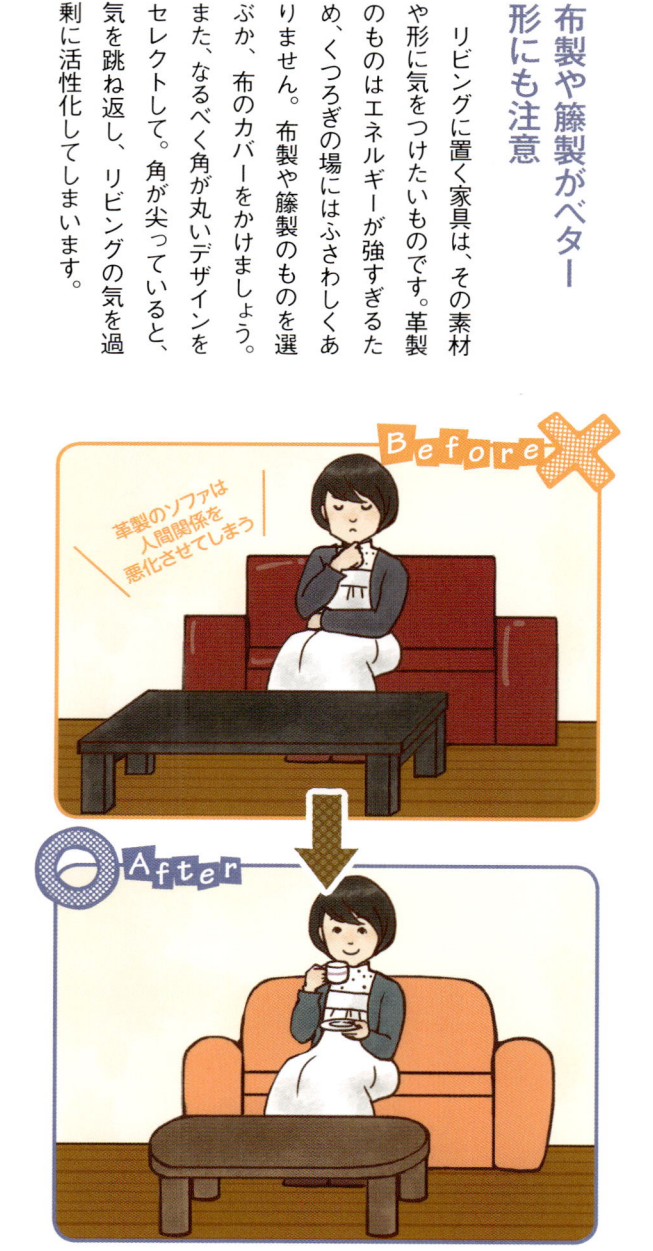

リビングに置く家具は、その素材や形に気をつけたいものです。革製のものはエネルギーが強すぎるため、くつろぎの場にはふさわしくありません。布製や籐製のものを選ぶか、布のカバーをかけましょう。また、なるべく角が丸いデザインをセレクトして。角が尖っていると、気を跳ね返し、リビングの気を過剰に活性化してしまいます。

Before
革製のソファは
人間関係を
悪化させてしまう
After

よく似たお悩み

ルール17 → P.35
ルール25 → P.48
ルール31 → P.56
ルール40 → P.71
ルール44 → P.76
ルール58 → P.101

ルール

14

お金が出ていかない配置を守ろう

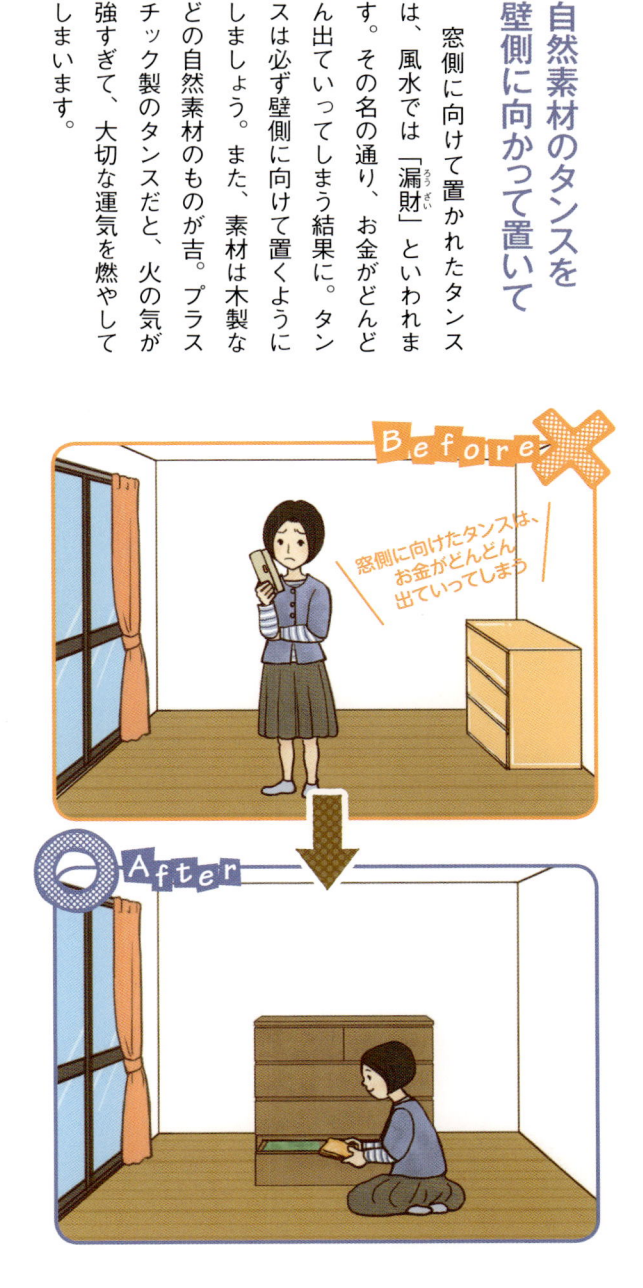

タンスが窓側向きだと金運がピンチ！

自然素材のタンスを壁側に向かって置いて

窓側に向けて置かれたタンスは、風水では「漏《ろう》財《ざい》」といわれます。その名の通り、お金がどんどん出ていってしまう結果に。タンスは必ず壁側に向けて置くようにしましょう。また、素材は木製などの自然素材のものが吉。プラスチック製のタンスだと、火の気が強すぎて、大切な運気を燃やしてしまいます。

Before
窓側に向けたタンスは、
お金がどんどん
出ていってしまう
After

よく似たお悩み

ルール21 → P.40

ルール36 → P.62

ルール

15

整理整頓されたリビングを目指して
床が散らばった部屋はあらゆる運の低下を招く

物が散乱していると リビングの気の流れを阻害

　良い気を穏やかに循環させたいリビングは、すっきりきれいに片付けることが鉄則です。ごちゃごちゃと物が散らばっているのはNG。特に気をつけたいのは、床に余計な物を置いたリビング。ホコリが溜まりやすく、邪気の巣窟になるほか、良い気の流れを妨げてしまいます。収納場所をたっぷり用意し、いつでも物を整理整頓して片付けられるよう工夫しましょう。そして当然のことながら、掃除はこまめに。タンスの裏や下など、見逃しがちな場所もしっかり掃除して、邪気のもとであるホコリを残さないようにしましょう。

よく似たお悩み

ルール01 → P.10
ルール08 → P.20
ルール46 → P.78

散らかった
リビングは
凶相です
Before

リビングの床が物で溢れ、生活の場が雑然としていると運気に悪影響。開運をバックアップする気が巡りません

After
物を床に
置かないのが
風水ルール

床に余計な物がないと、気が巡りやすくなります。きれいに片付いた部屋は、運気にも心身にも好影響

ユミリーのもっとハッピーアドバイス

運気にプラスに働く方位別の掃除法

　仕事運アップを願うなら、北西を徹底的に掃除しましょう。お金が入ってくる方位である西を重点的に掃除すれば、財運アップが見込めます。また、東の床を水ぶきすれば、ビジネスや株取引などに必要な野心、チャレンジ精神が養われます。

ルール

16

運気の土台である床はむき出しにしないよう注意

ラグマットが良い気をキープ

足元を温めるマットをリビングの床に

床は運気の土台です。特に人が集まる機会が多いリビングテーブルの下などは、むき出しにせず、ラグマットを敷いて土台をしっかり守るように努めましょう。足元が温まることで、良好な気のチャージも可能です。ラグマットは、気の流れをスムーズにするコットンやリネンなどの天然素材のものを選びましょう。

よく似たお悩み

ルール02 →P.12
ルール33 →P.59
ルール39 →P.70
ルール52 →P.87

ルール

17

奇数個・暖色系がマスト！

クッションの数や色が運気を左右する

良い気を巡らせるため クッションにも配慮を

リビングのソファや椅子に置くことの多いクッション。風水では、偶数は「陰の気」、奇数は「陽の気」と考えられているため、1個や3個など、奇数個を置くようにしましょう。素材は綿や麻などをチョイス。色・柄は、赤やピンク、オレンジなどの暖色系を選びましょう。より良い気が室内に巡るようになります。

よく似たお悩み

ルール25 → P.48
ルール51 → P.86
ルール68 → P.118

ルール
18

リビングに飾るものも開運に影響

壊れたモノ、欠けたモノは運気も壊してしまう

生気のないものは部屋から排除して

風水では、壊れたモノや欠けたモノは、生気のないもの（死んだもの）で、邪気を発すると考えます。もしリビングにそうしたものが飾ってある場合は、きちんと修理してから飾るか、処分するか、どちらかに。飾りっぱなしにしていると、運気の下降を招きます。古道具やアンティークも手入れを十分にしてから飾りましょう。

よく似たお悩み
ルール28 →P.51

ルール
19

カーテンのない部屋は良い気が巡らない

英気を封じ込める窓辺のカーテン

薄手のコットン製で心が落ち着く色みを

良い気を室内に巡らせ、外に漏らさない役割を担うカーテンは、リビングに必須のアイテムです。極端に気をふさぐ厚手のものや遮光カーテンは避け、薄手のコットン製などを吊るしましょう。室内の明るさを確保するため、色は明るめのものを。グリーンやクリーム色は、心を落ち着かせる作用があるのでカーテンに最適です。

Before
After
カーテンは
薄手のコットン製に

よく似たお悩み
ルール04 →P.14
ルール05 →P.16

ルール 20

リビングの家電は最小限に

電化製品の多い部屋は気の流れが乱れがち

家電を配置するなら気の乱れを防ぐ工夫を

テレビやパソコンなど、生活に欠かすことのできない電化製品は、気の流れを乱す原因でもあります。いくら良い気で満たされたリビングでも、家電があまりに多く置いてあると、気が乱れがちに。なるべく必要最低限にとどめましょう。気を浄化する炭や水晶を一緒に置くと、乱れを少なくすることができます。

また、電化製品の裏側などにはホコリがたまりがち。掃除をこまめにして、邪気の原因であるホコリを溜めないように注意。電化製品と上手に付き合いながら、気を整えるよう努めましょう。

よく似たお悩み
ルール61 → P.105

電化製品の
置きすぎに
注意して
Before

電化製品が複数置かれたリビングは、どうしても気が乱れがちに。気を整える工夫が必要です

After
気が整うと
運気も安定し
家庭円満に

観葉植物を置く、掃除を徹底する、炭や水晶を一緒に置くなどの対処法で、気の乱れを回避

ユミリーのもっとハッピーアドバイス

家電を置くなら気を整える東か南東へ

火の気をもつ家電は、東か南東に置くことで気が整います。特に電話やFAXなどの通信機器は、よりよい情報が入る東か、社交運をつかさどる南東がおすすめ。人脈が広がります。パソコンを南東に置くと、メールでの連絡が頻繁に来るようになります。

ルール

21

強力な西日を遮断し金運アップ！

西日が強い部屋はお金が逃げていく！

カーテンを活用して日差しをシャットアウト

西日が当たる部屋は「漏《ろう》財《ざい》」の相で、お金が逃げていく傾向に。リビングに西日が強く当たる場合は、遮光カーテンでしっかり遮るように工夫しましょう。その場合、必ず透過性の高いレースのカーテンなどを一緒にかけるようにしてください。遮光カーテンだけだと、リビングに巡る良好な気も妨げてしまうからです。

Before
西日が直接さすとお金が逃げていってしまう

After
遮光カーテンとレースのカーテンでお金を引きとめる

よく似たお悩み
ルール14 →P.31

ルール
22

良縁に恵まれるまで人形は置かない

ぬいぐるみや人形は恋愛・結婚を遠ざける

心を癒やす存在は恋愛パワーを弱める

たくさんのぬいぐるみや人形が飾られた部屋は心が癒やされるという人も多いでしょう。ところが、本来恋愛や結婚に向かうはずの気持ちが満たされてしまい、恋愛のエネルギーが弱まってしまいます。恋愛や結婚を望むなら、ぬいぐるみや人形は感謝の気持ちをこめて白い紙で包み、お別れしましょう。

よく似たお悩み
ルール47 →P.79

ルール 23

クールすぎるインテリアは殺伐とした人間関係を招く

温かな雰囲気のリビングは福を呼ぶ

木製の内装や家具、暖色系を取り入れて

リビングは、家族でくつろぐ場。モノトーンの家具などで統一した、あまりにもクールな部屋は、かえって心が安まらず、家族全員の運気を下げることに。床は木製のフローリングで、自然素材の家具が配された、和やかな雰囲気のリビングがベストです。ビビッドな色ではなく、暖色系のアイテムを飾るようにしてください。

Before
黒や白の
モノトーンの家具では
かえって心が安まらない

After

よく似たお悩み
ルール11 → P.27
ルール13 → P.30

ルール
24

リビングへの邪気の侵入を防いで

トイレと隣り合わせだと英気を奪われる

パーテーションやグリーンを有効活用

トイレとリビングが隣り合わせ、またはすぐ近くに位置する場合、トイレの邪気がリビングに侵入してしまい、せっかくの英気が奪われてしまいます。例えばトイレとリビングの境を木製や布のパーテーションで仕切ったり、観葉植物を置いて仕切り代わりにするなどして、邪気が容易に侵入しないよう対処しましょう。

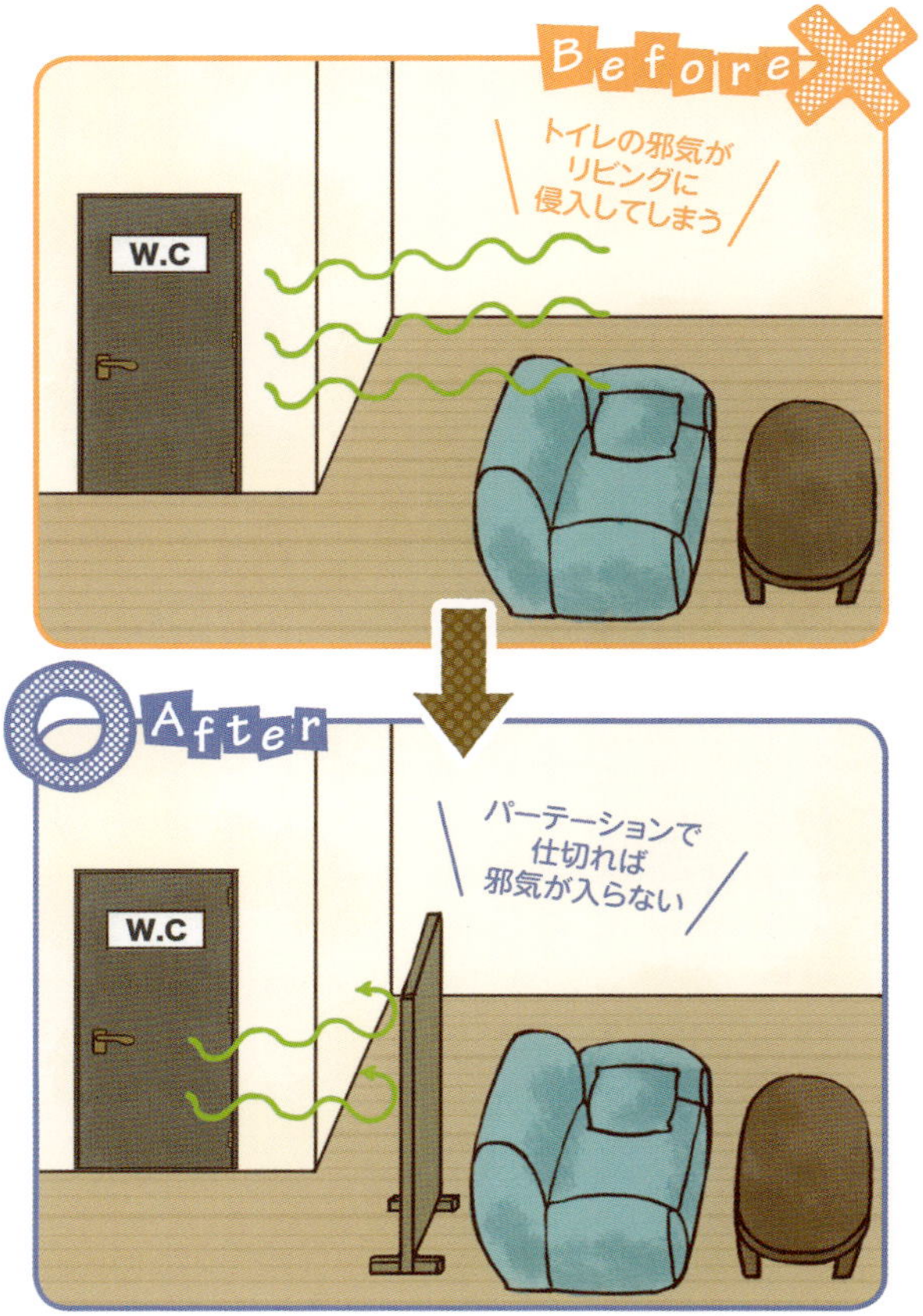
Before
トイレの邪気が
リビングに
侵入してしまう
W.C
After
パーテーションで
仕切れば
邪気が入らない
W.C

よく似たお悩み
ルール50 → P.84

Column2

方位別の風水ルール

リビング編

方位別の対処を行って、家庭円満を叶えるリビングを実現しましょう。

北

北の方位は、寒さと暗さ対策を徹底して。冬の暖房設備を完備し、快適な空間を目指しましょう。照明器具を多用するなどして、明るさの確保もしっかりと。

北東

北東

鬼門にあたるため、リビングにはあまり好ましい方位ではありません。北の方位と同様に、寒くて暗い場所なので、暖房と照明の完備が必須です。

東

東

明るい陽が差し込む東のリビングは、家庭運の向上が期待できる吉相。採光を優先した間取りにすることで、家族全員の健康運アップも叶います。

南東

南東

南東は、リビングに最適の方位。窓を大きくとるなどして、明るさと通風の確保に努めましょう。良い気が巡ることで、家族を開運へと導きます。

南

南東と同様にリビングに適した方位です。光がたっぷり降り注ぐ空間にすることで、家族全員の運気も前向きに。テラスやベランダがあれば、さらにラッキー。

あなたの家の
リビングの方位はどこ?

北西	北
西	中央
南西	南

北西

やや寒い場所なので、断熱・暖房に配慮して。また、空気が滞らないよう換気にも注意。通気性をきちんと確保できれば、良いリビングとなります。

西

注意したいのは西日。窓を大きくとりすぎると、強い西日が差し込み、運気の低下を招きます。遮光・遮熱対策をとるようにしましょう。

南西

明るく、温かい場所のためリビングには向いていますが、日差しが強い方位のため食欲減退傾向に。ダイニングも兼ねる場合は、部屋の温度管理に注意して。

中央

採光が難しく、気が滞りやすい家の中央は、リビングにはあまり好ましくありません。快適に過ごせるよう空調設備が必須。空気清浄機を置いても○。

ダイニング編

気を吸収しやすい食事時。英気を養えるインテリアが吉

食事の際は、周りの環境からもたくさんのパワーを得ます。室内を良い気で満たしましょう。

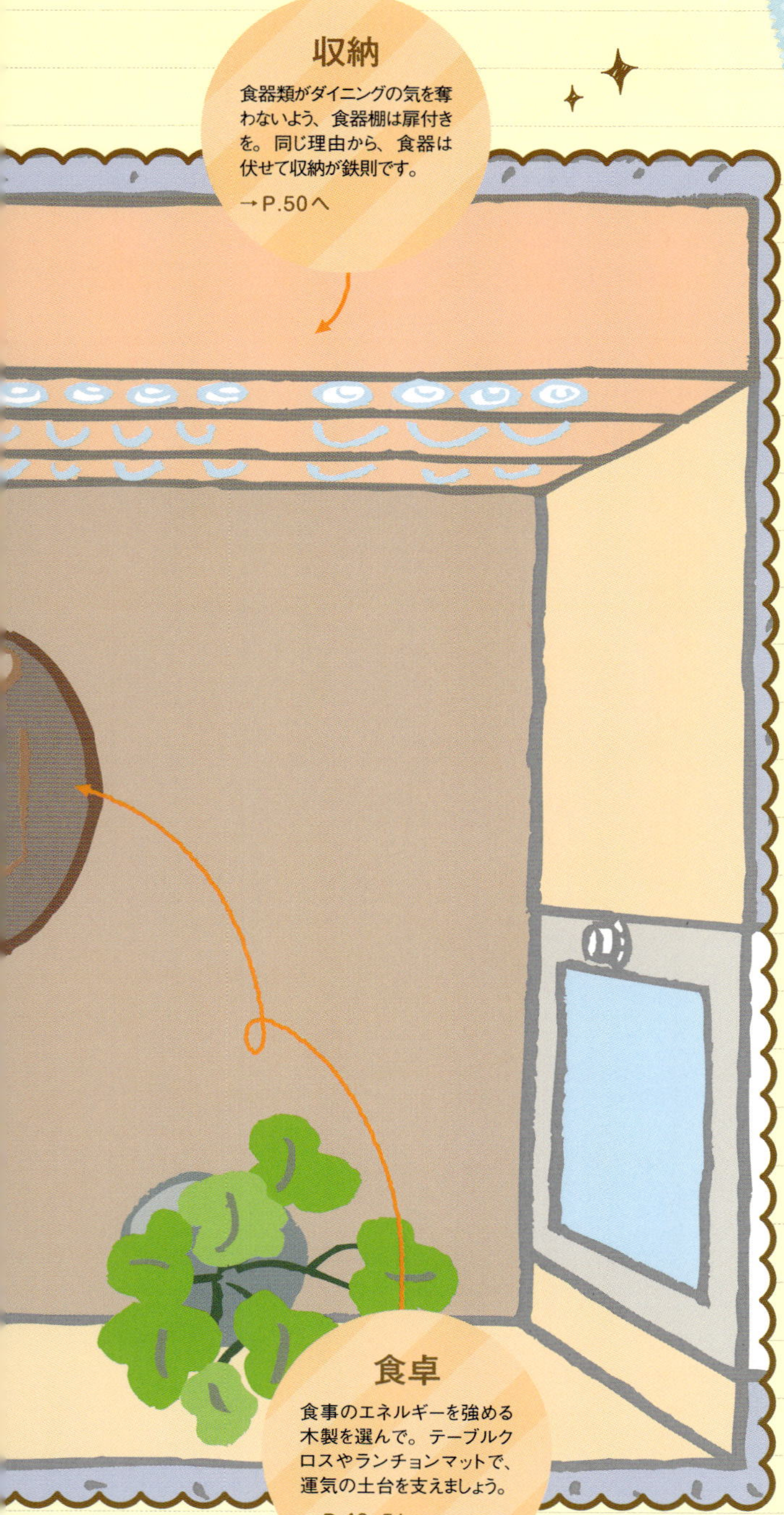
収納
食器類がダイニングの気を奪わないよう、食器棚は扉付きを。同じ理由から、食器は伏せて収納が鉄則です。
→P.50へ
食卓
食事のエネルギーを強める木製を選んで。テーブルクロスやランチョンマットで、運気の土台を支えましょう。
→P.48、51へ

4

照明

家族の運気向上には、リビング同様に明るさが鍵になります。間接照明などをうまく使い、明るさを維持して。

→P.49へ

椅子

テーブルと同じく木製などの自然素材がベター。丸みのあるデザインにし、陰の気を引き寄せる黒は避けます。

→P.48へ

ルール

25

運気の土台を支える工夫を

テーブルの素材や形で気の巡りが変わる

ダイニングテーブルは木製・楕円型がベスト

毎日の食事に欠かせないテーブルは、重要なアイテム。なぜなら運気の土台を支え、食べ物のエネルギーを倍増させる役割があるからです。気をつけたいのは、素材と形。木製で角が丸い楕円型が望ましく、逆に黒いテーブルや、角ばったテーブルだと、エネルギーを弱めたり、気の流れを妨げたりしてしまいます。

Before
黒いテーブル、
角ばったテーブルは
気の流れを妨げる

After
木製の角が
丸いテーブルは
食物のエネルギーを倍増

よく似たお悩み
ルール11 → P.27
ルール13 → P.30

ルール
26

リビング同様に明るさを保って
ダイニングが暗いと家族の運気が下がる

明るいダイニングなら良い気が取り込める

食は、私たちの命を支えるもの。日々正しく食事をとることで、運気のベースとなる良い気を、たっぷり取り込むことができます。ところが、食事をする部屋が暗いと、効果が半減。良い気を吸収することができず、食卓を囲む家族の運気もダウンしてしまいます。ダイニングルームは照明などを多用し、明るい雰囲気を保ちましょう。

Before
部屋が暗いと
良い気が
取り込めない

After

よく似たお悩み
ルール09 → P.21
ルール26 → P.49
ルール38 → P.65
ルール49 → P.83
ルール59 → P.102

ルール

27

食器の収納方法に注意！

扉のない食器棚は良い気を奪う

扉付きの食器棚で気の減りを防ぐ

扉のないオープンな食器棚で、お皿やお椀などの食器がむき出しのまま伏せずに置いてある場合、部屋に満ちている良い気である〝旺《おう》気《き》〟をどんどん奪ってしまいます。食器棚はできるだけ中が見えない扉付きのものを。ガラスの扉で中が見える場合は、食器を伏せて置くようにしましょう。旺気が奪われるのを防ぐことができます。

Before
むき出しのまま
伏せずに置くと
旺気が奪われる

After

よく似たお悩み

ルール28 →P.51
ルール45 →P.77

ルール
28

生花を飾っていきいきした空間に

食卓に生気がないと家庭不和が生じる

食卓に花を飾る習慣を ドライフラワーはNG

気を吸収しやすい環境であるダイニングは、生きた気で満たし、いきいきとした空間にしたいもの。おすすめなのは、生花を飾ることです。花の生気が、家庭内でのトラブルを減らし、家庭円満に導いてくれます。ただし、ドライフラワーはNG。風水では「死んだ花」と考えられ、部屋中に邪気をふりまくもとになるからです。

Before
ドライフラワーは部屋中に邪気をふりまくもと

After
花の生気が家庭内でのトラブルを減らしてくれる

よく似たお悩み

ルール27 → P.50
ルール45 → P.77

キッチン編

キッチンは清潔感が第一。金運や健康運に響きます

家族の健康運と金運に深く関係しているキッチン。掃除と換気が重要アクションです。

冷蔵庫

古い食品は処分し、冷蔵庫の中も外も整理整頓を厳守。火の気を放つコンロとは離して配置しましょう。

→P.54、58へ

床

火の気を中和するキッチンマットを敷きましょう。綿や麻の自然素材なら、より高い効果を発揮します。

→P.59へ

④

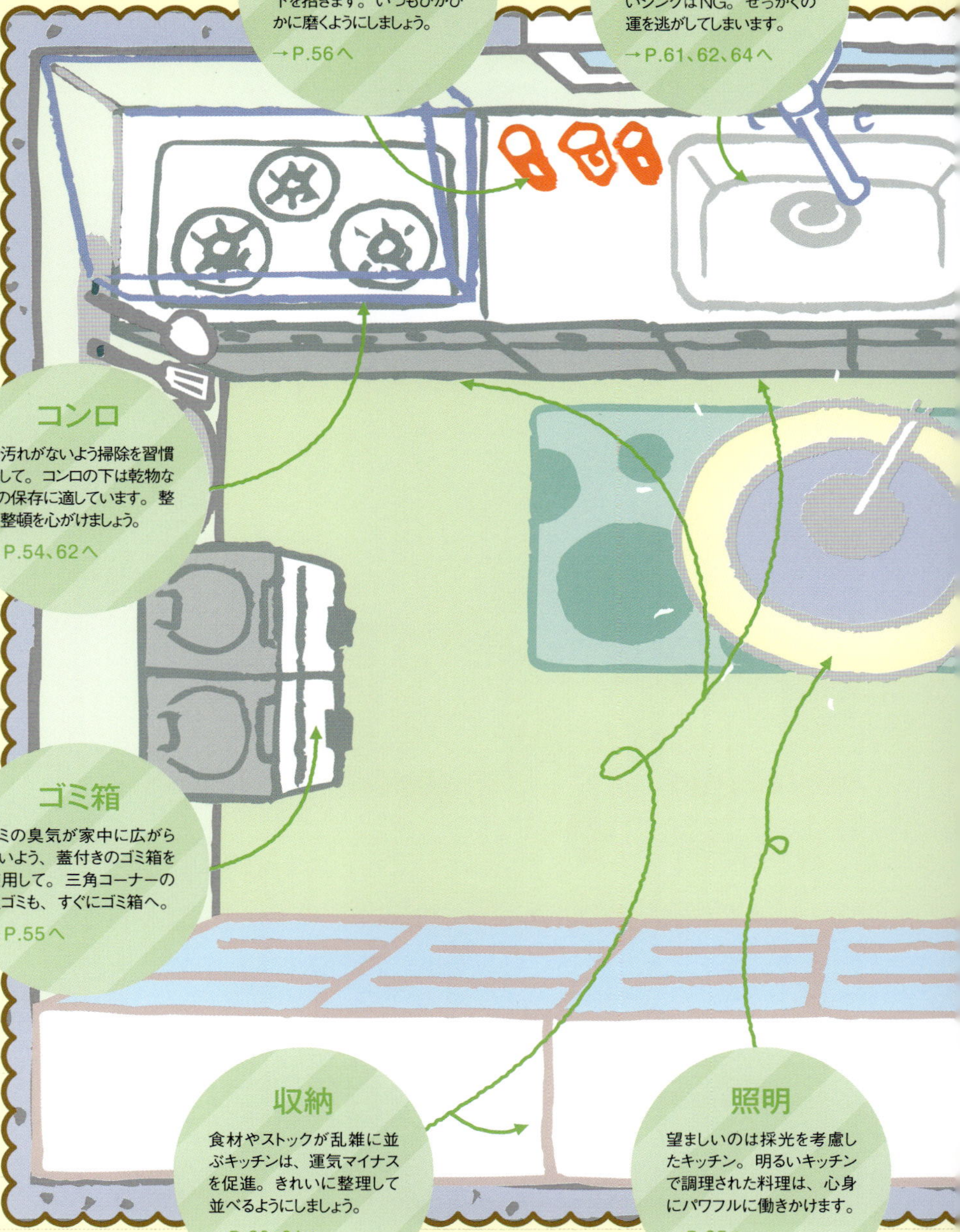

小物

包丁や鍋のサビや焦げは、運気ダウンの要因。金運低下を招きます。いつもぴかぴかに磨くようにしましょう。

→P.56へ

シンク

洗いものが溜まっているシンクや、いつも濡れていて汚いシンクはNG。せっかくの運を逃がしてしまいます。

→P.61、62、64へ

コンロ

油汚れがないよう掃除を習慣化して。コンロの下は乾物などの保存に適しています。整理整頓を心がけましょう。

→P.54、62へ

ゴミ箱

ゴミの臭気が家中に広がらないよう、蓋付きのゴミ箱を使用して。三角コーナーの生ゴミも、すぐにゴミ箱へ。

→P.55へ

収納

食材やストックが乱雑に並ぶキッチンは、運気マイナスを促進。きれいに整理して並べるようにしましょう。

→P.60、61へ

照明

望ましいのは採光を考慮したキッチン。明るいキッチンで調理された料理は、心身にパワフルに働きかけます。

→P.65へ

ルール

29

キッチン家電の配置に注意

コンロ&冷蔵庫の組み合わせは家庭内のいざこざを増やす

気がケンカして乱れないよう配慮を

冷蔵庫は水の気を、コンロは火の気をもっています。ふたつが隣り合わせだと、気がケンカしてしまい、キッチン全体の気が乱れる原因に。家庭内にいざこざが増えるので、冷蔵庫とコンロはなるべく離して配置しましょう。同じ理由から、冷蔵庫の上に電子レンジを置くのも好ましくありません。置く場合は、間に木の板をはさみましょう。

Before
水の気と火の気が
隣り合わせだと
気がケンカしてしまう
After
冷蔵庫の上に
電子レンジを置く場合、
木の板をはさむ

よく似たお悩み

ルール34 →P.60

ルール

30

ゴミの臭気はシャットダウン

蓋なしのゴミ箱だと運気がダウン！

キッチンのゴミは邪気 蓋付きのゴミ箱へ

キッチンで生じたゴミは必ず蓋付きのゴミ箱へ捨て、臭気が拡散しないように注意しましょう。臭気は邪気なので、健康運や金運に悪影響を及ぼします。シンクの三角コーナーなどにも生ゴミを溜めないようにし、蓋付きのゴミ箱にそのつど捨てて。嫌な臭いをキッチンからシャットアウトするよう努めましょう。

Before
生ゴミの臭気は邪気。
悪影響を
及ぼしてしまう

After
生ゴミは蓋付きの
ゴミ箱に捨てて
嫌な臭いをシャットアウト

よく似たお悩み

ルール37 → P.64

ルール
31

気を乱す相性の悪い素材は排除

イライラの原因は水まわりのプラスチック製品!?

水まわりには水の気と相性の良い素材を

シンクと水道が配された水まわりは、水の気で満ちている場所。ここに火の気を放つプラスチック製品を置くと気が乱れ、心身に悪影響を及ぼし、イライラの原因に。台所用洗剤などは、水の気と相性の良いガラス素材など、プラスチック以外の容器に移し替えると吉です。もし、水まわりのすぐ横にコンロがある場合は、非常に気が乱れやすい状況。天板や収納棚などのキッチン家具を、水と火の気を中和する木製にしたり、木製のアイテムを置くようにしたりして、気を整えるよう配慮しましょう。

よく似たお悩み
ルール06 →P.17

気のケンカは
家庭不和を
引き起こします
Before
After
気の相性と
バランスを
考えましょう

水の気と火の気がぶつかりあうキッチン。相性の悪いものを近づけず、気を安定させることが重要課題です

火の気を放つプラスチックは、水まわりから排除。気を中和する木製品やガラスを取り入れましょう

ユミリーのもっとハッピーアドバイス

気を中和するなら水まわりに一輪の花を

キッチンの乱れがちな気を中和し整えるのに、最適なのが植物や生花です。たとえ一輪の花でもいいので、水まわりに置くようにしましょう。料理に使用するフレッシュハーブなどを飾ってもいいですね。精神的にもリラックスできます。

ルール 32

冷蔵庫はすっきりきれいをモットーに
冷蔵庫のぺたぺたメモは不幸のはじまり!?

メモは気を乱す原因 貼るなら側面に

冷蔵庫の扉にメモやシールをぺたぺた貼るのはタブー。貼っているものがキッチンの気を乱してしまうからです。どうしても必要なら、あまり見えない側面に整然と貼って。また、冷蔵庫の中が汚れていると運気が下降します。邪気のもとである古い食品を破棄し、整理整頓を。中も外も、すっきり片付いた冷蔵庫を心がけて。

Before

After
冷蔵庫は中も外も
片付けた状態に

よく似たお悩み
ルール34 →P.60
ルール35 →P.61
ルール36 →P.62
ルール37 →P.64

ルール

33

強い火の気を中和するマットは必須

キッチンマットがないと体調を崩しがちに

コットンのマットで気を整え運気アップ

キッチンのコンロが放つ、強力な火の気を中和してくれるのがキッチンマット。必ず足もとに敷くようにしましょう。素材は、火の気を中和する、木の気をもつコットンがベストです。極端に寒いキッチンは運気を下げてしまうことから、足もとを温める役割もあるマットは、キッチンに立つ人の運気に好影響を与えます。

Before

After
キッチンマットは
コットンがベスト

よく似たお悩み
ルール02 →P.12
ルール16 →P.34
ルール39 →P.70
ルール52 →P.87

ルール

34

食料ストックの出しっぱなしは仕事運の低下を招く

食材は整頓し気の流れをスムーズに

缶詰や乾物などはコンロの下へ収納

物が溢れているキッチンは、気の流れが滞ります。買いだめした食料ストックやたまに使うだけの乾物などの食材は、出しっぱなしにせず必ず収納を。積もったほこりが、さらに気を乱すことにつながります。缶詰めや乾物の収納場所に適しているのは、コンロの下。いつもすっきり片付いているキッチンを目指しましょう。

よく似たお悩み

ルール20 →P.38

ルール35 →P.61

ルール

35

見えない場所こそきれいに片付けて
シンク下収納の乱れは散財の引き金に!?

ぐちゃぐちゃの収納は金運に悪影響

シンクの下は扉付きのことが多く、外から見えないため収納が乱れがち。でも、こういう見えない場所こそ、注意が必要です。いつもきれいに片づけていないと、計画性のない散財を招く結果に。整理整頓を心がけながら、鍋などの調理道具を収納しましょう。食品の収納はシンク下には不向き。避けるようにしましょう。

よく似たお悩み

ルール20 → P.38

ルール34 → P.60

ルール 36

食を司る大切な場所は清潔に

汚れたキッチンは金運ダウンを加速させる

健康運や金運と深く関係するキッチン

食材を保存し、食事を調理する場であるキッチンは、いわば私たちの生命力を支える重要なスペース。そこが汚れていると、当然のことながら運気に悪影響を及ぼします。特に健康運と金運が下り坂になるので、キッチンはいつも清潔に保ちましょう。コンロの油汚れ、三角コーナーのぬめりなどは、残さず除去を。なかでも気をつけたいのは、シンク。水滴は陰の気を生じるため、濡れたままにせず、こまめにふき取るようにして。また、焦げ付いた鍋や錆びた包丁も、金運低下の原因。しっかりと磨くようにしましょう。

よく似たお悩み

ルール34 →P.60
ルール35 →P.61
ルール37 →P.64

掃除が雑な
キッチンは
不運を招きます
Before

油汚れ、ぬめり、カビは邪気。運気マイナスの引き金に。陰の気である水滴もなるべく残さないよう心がけて

After
美しく片付いた
キッチンは
精神にも好影響

見るからに良い気が巡りそうな、清潔感のあるキッチン。健康運と金運の上昇が期待できます

ユミリーのもっとハッピーアドバイス

調理にはできるだけ清浄な水を使って

きれいな水には、金運をアップさせる効果があります。できればキッチンに浄水器を設置し、いつも清浄な水を調理に使うようにしましょう。また、水道の蛇口は、なるべくコンロの方向へ向けないよう注意を。気の乱れが生じてしまいます。

ルール
37

汚れたものはすぐ洗う習慣を

大量に溜まった洗いものは出費やケガのもと

洗い終わった食器の出しっぱなしにも注意

食べ終わった後の大量の食器がシンクに置きっぱなしだと、邪気の原因になり、金運や健康運に響きます。汚れたものは、すぐに洗って清潔に。それがキッチンでのルールと心得ましょう。また、同じ理由から洗い終わった食器や鍋を、いつまでも出しっぱなしにしないこと。水滴を拭いて、片付けるようにしましょう。

よく似たお悩み

ルール30 → P.55
ルール36 → P.62

ルール

38

明るく風通しの良い空間を心がけて

薄暗いキッチンはマイナスの気を呼び寄せる

調理が楽しくなるよう明るい雰囲気づくりを

薄暗く、風通しも悪いキッチンだと、気の流れが滞ってしまう上、調理をする人の精神面にもあまり良い影響がありません。そんな環境で生まれる料理はエネルギーが低く、食べる人が英気を養うことも難しいもの。明るい色のアイテムを置く、換気を頻繁にするなどのアイデアで、明るく風通しの良い空間を目指しましょう。

よく似たお悩み

ルール09 → P.21
ルール10 → P.26
ルール26 → P.49

Column3

方位別の風水ルール

キッチン編

気が乱れがちなキッチン。方位による吉凶も考慮した間取りにしましょう。

北

キッチンが置かれることの多い北。暗く寒いところが難点。健康運が下降しないよう寒さ対策を万全に。また、汚れると精神面に影響が。掃除を徹底して。

北東

北東

鬼門のキッチンは、ケガのもと。包丁などは常に片付け、整然としたキッチンを心がけて。金運とも関係している方位なので、清潔感の維持に努めましょう。

東

東

朝日が差し込む、気持ちのよい方位のためキッチンにおすすめ。家庭運の発展が期待できます。ただし、物で溢れていると運気にマイナスなので注意して。

南東

南東

女性の運気を支える南東は、キッチンに適した方位。風と関係が深い方位でもあるので、換気扇はいつもきれいに掃除を。汚れは金運ダウンへ導きます。

南

日差しが強く暑くなりやすいのが、南のキッチンの短所。水の気と相性が悪いため、家庭不和や夫婦喧嘩の火種になりがち。観葉植物や生花を置いて。

あなたの家の
キッチンの方位はどこ？

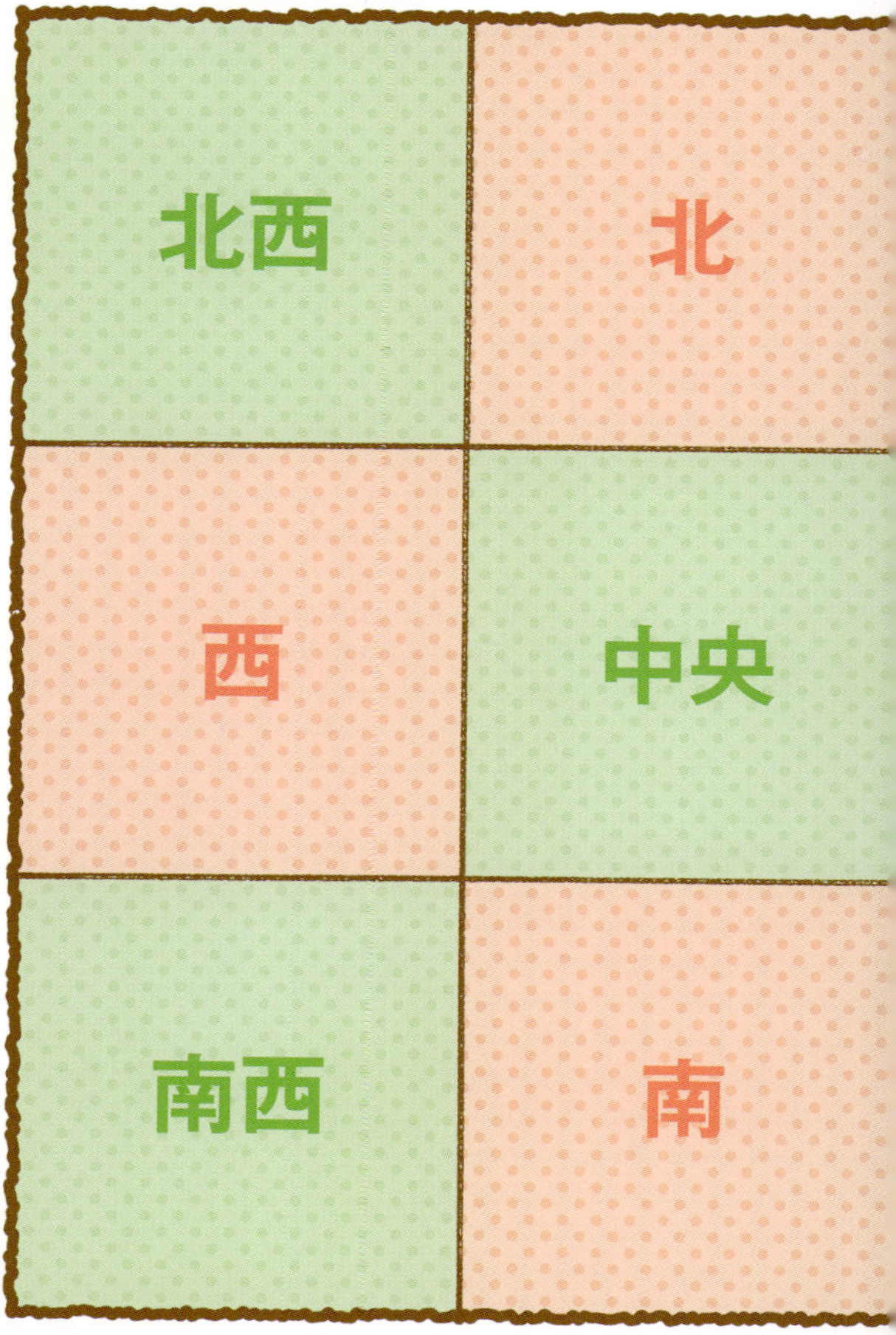

北西

主人の方位といわれる北西のキッチンが汚れていたり、散らかっていたりすると、一家の主の運気に悪い影響を及ぼします。観葉植物を置き、気を整えて。

西

西日が差し込むため、食材を扱う場所にはふさわしくないと考えられている西のキッチン。洗いもの、汚れものは絶対に溜めないよう、清潔第一で。

南西

できれば避けたい、裏鬼門の方位。乱れがちなキッチンの気を、さらに乱す傾向に。南西のライン上に、水道やコンロなどを配置しないようにしましょう。

中央

暗く、気が流れない中央へキッチンを設ける際は、においがこもらないよう換気に配慮を。手元を明るく照らすよう、照明計画もきちんと行いましょう。

バス編

一日の厄を洗い流す場。湿気対策を万全にしましょう

水をたくさん使う浴室。邪気である湿気が溜まらないよう、換気&掃除が必須です。

洗面台

洗面台は、清潔感のある白がおすすめ。化粧品などはラベルの向きを揃えて整然と並べ、鏡はいつもピカピカに。

→P.78へ

床

お風呂あがりの体には、水の気がいっぱい。足もとの水の気をしっかり落とすため、バスマットは必需品です。

→P.70へ

4

壁・床

開運の大敵であるカビを防止するため、掃除はぬかりなく。排水口の髪の毛などもきれいに取り除きましょう。

→P.76へ

洗濯機

洗濯物は邪気を放つので、こまめに洗って。ランドリーボックスを利用し、洗濯物が目に触れないよう工夫を。

→P.79へ

バスタブ

体の厄を落とすため、週に2～3回はバスタブに浸かりたいもの。溜め湯は邪気のもとになるので、都度流して。

→P.74、76へ

換気

窓を開けるか、換気扇を回すかのどちらかで湿気対策を。換気により、バスルーム内の気の流れも良くなります。

→P.72へ

小物

陰の気を呼ぶ黒いアイテムは避け、スチール製や木製の小物を並べて。向きを揃えて並べると気が整います。

→P.71、75、77へ

ルール

39

バスマットがない家は開運効果があがらない

水が発する陰の気をしっかりオフ

入浴後の水の気はきれいに拭きとって

入浴した後は、体に残る水滴を清潔なタオルで完全にふき取るのが基本。その際に、忘れてならないのが足もとの水気です。水は陰の気を発するため、足もとが濡れたままだと、入浴による開運効果も半減します。バスルームの出口や洗面所には自然素材のバスマットを敷いて、必ず足もとの水滴を落とすようにしましょう。

Before
足もとが濡れたままだと
開運効果も半減

After

よく似たお悩み

ルール02 →P.12
ルール16 →P.34
ルール33 →P.59
ルール52 →P.87

ルール

40

浴室には良い気が好む小物を

黒いアイテムは陰の気を充満させる

清潔感のある色で木製かスチール製が○

バスルームに置く小物や収納アイテムに、黒はご法度。陰の気を呼び寄せ、浴室内に充満させてしまうからです。清潔感のある白やナチュラルカラーで、できればプラスチック製ではなく木製やスチール製のものを選んで。水アカなどが付かないよう掃除を欠かさずにして、特に木製の場合は、カビに注意しましょう。

よく似たお悩み

ルール13 → P.30
ルール17 → P.35
ルール25 → P.48
ルール31 → P.56
ルール44 → P.76
ルール58 → P.101

ルール

41

湿気を溜めないよう注意を払って

換気が不十分な浴室だと幸運を逃してしまう

臭いやカビは邪気 防止策に換気が有効

バスルームに溜まった湿気をそのままにしておくと、臭いやカビの原因に。それらは邪気となって、運気の低下を招いてしまいます。窓を開けたり、換気扇を回したりして、換気を習慣的に行いましょう。一番良い方法は、入浴を終えてバスルームを出る際に、水滴を拭き取ること。毎日水滴を残さず拭きあげるようにすると、カビも生えず、掃除も楽になり、いいこと尽くめです。加えて排水口の掃除も定期的に行って。健康運や金運を左右するバスルームは、いつもカラリと清潔に保つことが鉄則です。

よく似たお悩み

ルール42 →P.74

ルール50 →P.84

じっとりとした
浴室は
邪気のすみか
Before

本来バスルームは、邪気を洗い流す場。ところが水滴や湿気が充満していると、逆に邪気を吸収するハメに

After
掃除と換気を
習慣化して
開運浴室!

カビもなく清潔で、からりと乾いているバスルームが理想。お風呂上がりに水滴をふき取るのが最善策

ユミリーのもっとハッピーアドバイス

良好な気を循環させるモビールを飾って

湿気がこもり、気が停滞しやすいバスルームには、気を循環させるアイテムがおすすめ。インテリアとしても楽しめる室内装飾のモビール(天井から吊るす装飾アイテム。空気の流れに反応して動く)は、良好な気を浴室内にぐるぐると巡らせ、開運をサポートしてくれます。

ルール
42

溜め湯は邪気。毎回流しましょう

バスタブの残り湯は好ましくない気の温床に

悪い気を洗い流したら溜めずに捨てて

バスタブにゆっくり浸かって、一日の厄を洗い流したら、そのお湯は溜めずに毎回、流すように。残り湯を溜めたままの状態は、邪気を溜めていることと同じです。特に北側に浴室がある場合、溜め湯は一緒に暮らす夫や恋人の浮気を招く原因に。また、残り湯を再利用する場合は、残り湯に粗塩一握り分をふってからにしましょう。

Before
After
残り湯を捨てて
邪気を溜めない

よく似たお悩み
ルール41 → P.72
ルール50 → P.84

ルール

43

浴室の小物はコンパクトに整頓

不運の原因は、小物の並べ方にあった!?

乱雑に並べた小物は気の流れを阻害

バス用品や小物類を無造作に並べていると気が乱れます。バスルームに置く物は、必要最低限にとどめ、コンパクトにまとめることを目指すのがベスト。シャンプーやリンスなどのボトル類は、できるだけ陶器やガラス製のものにし、ラベルが正面を向くよう向きを揃えて並べましょう。整理整頓して並べることで気が整います。

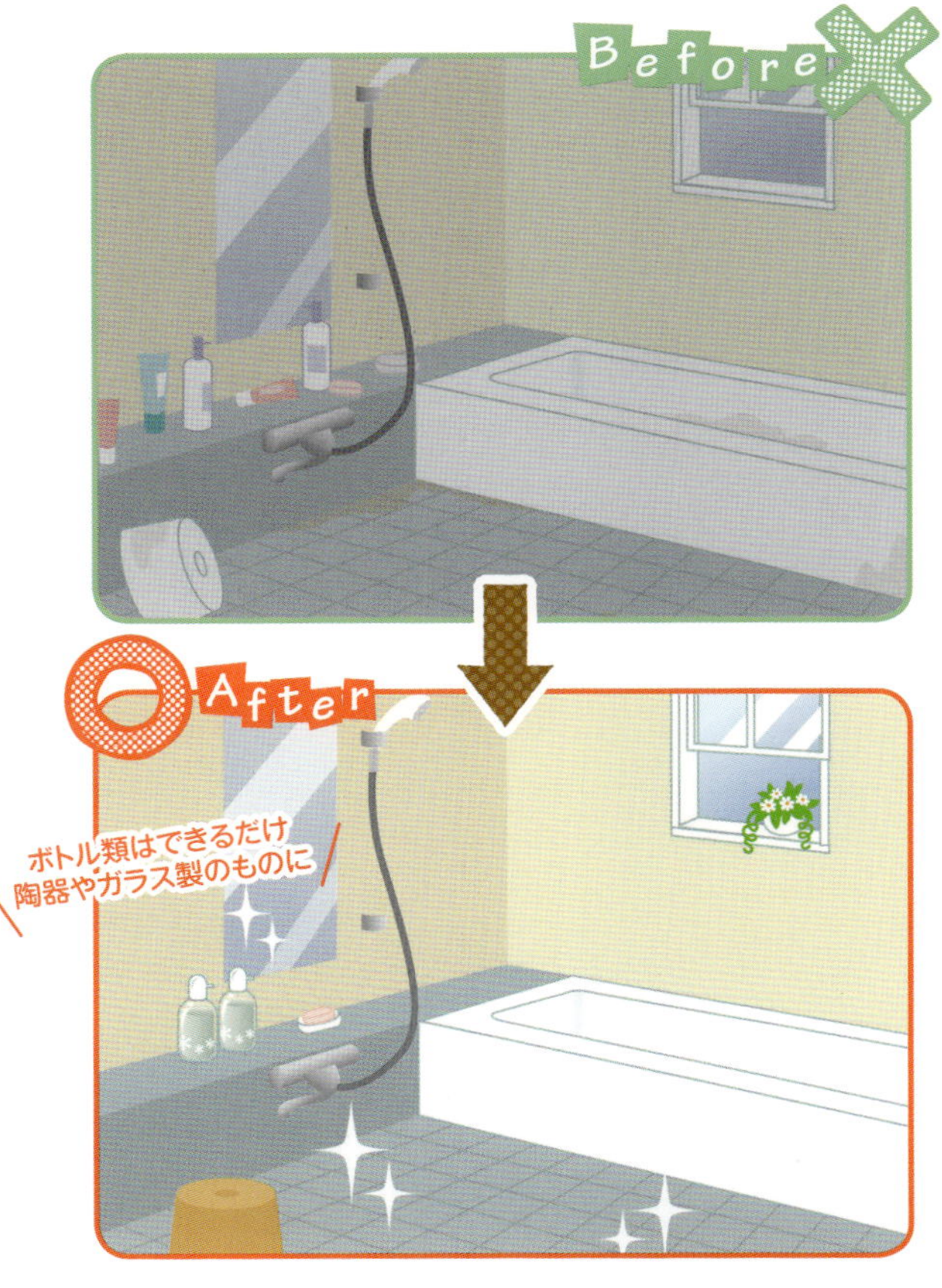
Before
After
ボトル類はできるだけ
陶器やガラス製のものに

よく似たお悩み

ルール46 → P.78
ルール47 → P.79

ルール

44

バスルームは〝癒やし〟を重視して

石や岩を多用した空間は心身を疲弊させる

強いエネルギーを放つ素材は浴室に不向き

石や岩は、気を跳ね返す強烈なパワーを放つため、心身を休める浴室には向きません。旅先の温泉で、石や岩のお風呂に浸かる分には問題ありませんが、毎日使うバスルームへの使用は避けて。望ましいのは木などの天然素材。もし、すでに石や岩を採用した浴室なら、観葉植物や木製アイテムを置いて、パワーを和らげましょう。

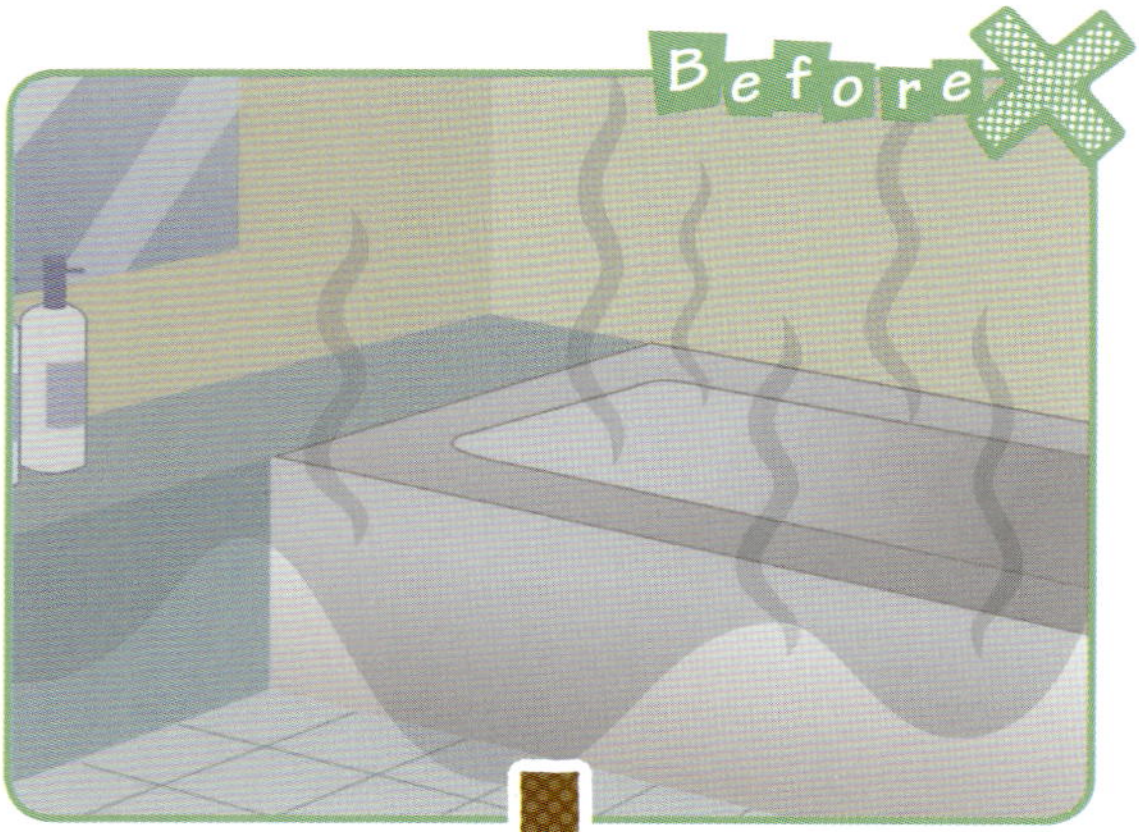
Before

After
木製のアイテムなどで
パワーをやわらげて

よく似たお悩み

ルール13 → P.30
ルール17 → P.35
ルール25 → P.48
ルール31 → P.56
ルール40 → P.71
ルール44 → P.76
ルール58 → P.101

ルール
45

観葉植物を置き生気のある空間に

無機質すぎるバスルームは良運に嫌われる

生花や植物を置いて良い気を巡らせて

観葉植物や生花をバスルームに置くと、気が活性化されて巡りもよくなり、運気上昇が期待できます。特に、狭い浴室に洗面やトイレも一緒に配置されたユニットバスの場合は、気が滞りやすいので必ず植物を置いて。植物や生花は常に置かなくても、入浴時だけ置いても大丈夫です。植物の鉢は邪気をはらう白が○。

Before
無機質なバスルームは
気の巡りが悪い
After

よく似たお悩み

ルール27 → P.50
ルール28 → P.51
ルール68 → P.118

ルール
46

ぐちゃぐちゃの洗面台だと運気が停滞気味に

余計な物を置かずシンプルが一番

洗面台は美を司る場所 美しさを常にキープ

美容運を左右する洗面所に余計な物を置いていると、運気がダウン。シンプルをモットーに、歯ブラシや洗顔料、クレンジングなど必要なものだけを整然と並べ、タオルのストックは扉付きの棚などに見えないよう収納を。また、洗面所に化粧品を置くのはNG。鏡は汚れがないよう、いつもぴかぴかに磨きあげましょう。

よく似たお悩み
ルール43 → P.75

ルール 47

洗濯物は放置せず、こまめに洗って

むき出しの洗濯物は美容運・恋愛運をマイナス

汚れたものは悪い気と心得て

汚れた洗濯物は邪気。溜めこむと、気が滞ってしまいます。洗濯は留めずに日常的にしましょう。また、洗う前の洗濯物をむき出しのまま放置しているのも、運気に悪影響。美容運や恋愛運が下がってしまいます。籐やコットンなどの自然素材で、蓋付きのランドリーボックスに入れて、人目に触れないようにしましょう。

Before
洗濯物を溜めこんだり
むき出しのままだと
気が滞る

After

よく似たお悩み

ルール43 → P.75

ルール46 → P.78

トイレ編

健康運と密接な関係のトイレ。掃除が最善の運気アップ術

不浄の場であるトイレは、とにかく掃除が命。邪気の源である臭気の予防策も忘れずに。

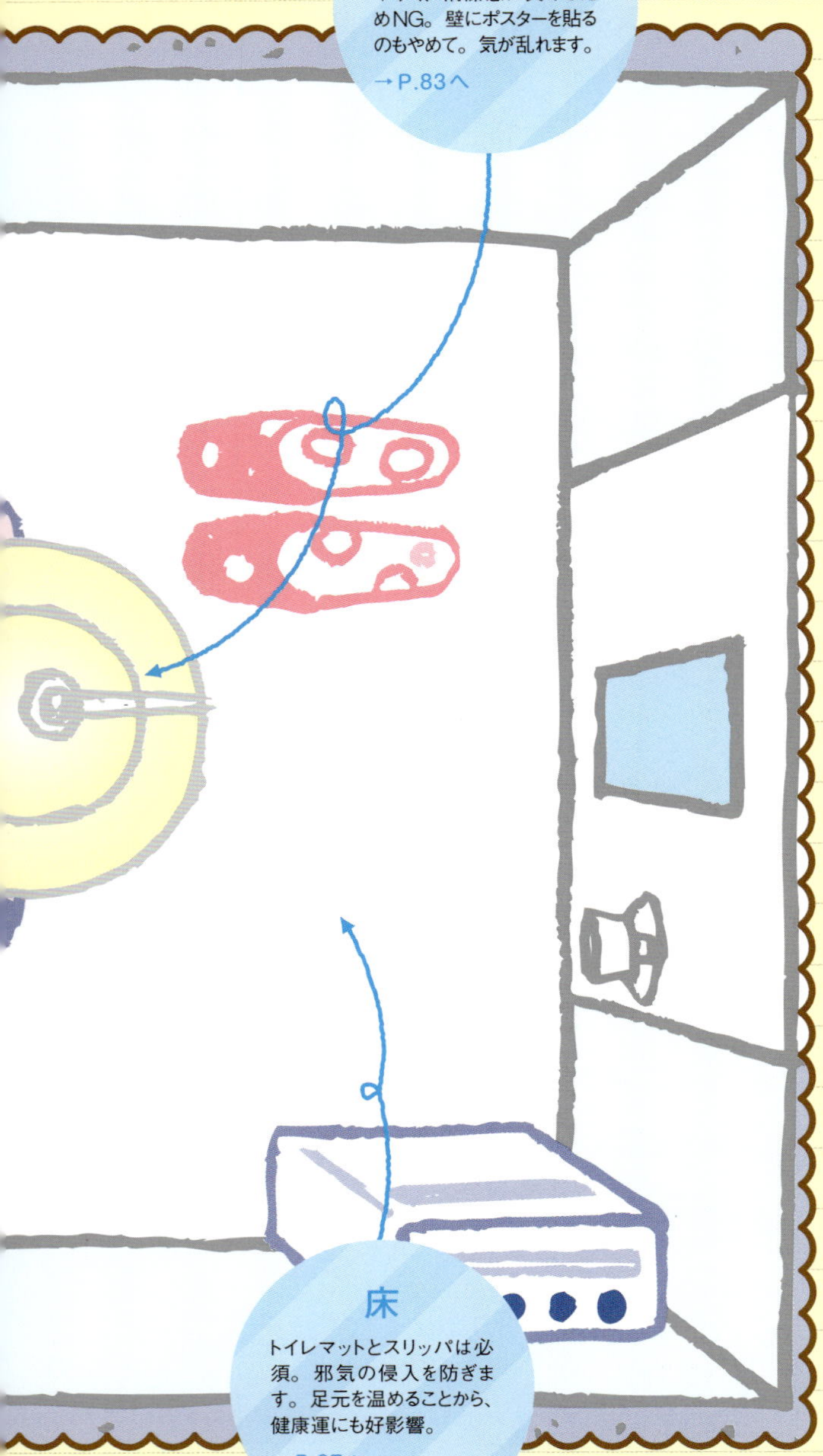

照明

暗いトイレは陰の気がこもりやすく、清潔感に欠けるためNG。壁にポスターを貼るのもやめて。気が乱れます。

→P.83へ

床

トイレマットとスリッパは必須。邪気の侵入を防ぎます。足元を温めることから、健康運にも好影響。

→P.87へ

窓

換気が容易にでき、明るさも確保できるため、窓があるトイレが理想。窓がない場合は照明で明るさを維持して。

→P.84へ

小物

邪気を洗い流し水の気を拭き取るタオルは、必須アイテム。トイレットペーパーは蓋付きの見えない場所に収納を。

→P.86、87へ

便器

便座カバーの開けっぱなしは、避けるようにしましょう。邪気をトイレ内にまき散らすことになります。

→P.82、84へ

ルール

48

できれば毎日掃除する習慣を

掃除がおろそかなトイレは健康運に悪影響

健康運や金運と密接に関係しているトイレ

トイレにおける風水ルールの基本は、徹底的に掃除をすることです。古くから不浄の場とされているトイレは、掃除をすることで常にきれいにし、邪気をはらって清浄な状態を保つことが必要。汚れているトイレは、健康運や金運の低下につながります。できれば毎日、トイレを掃除する習慣をつけましょう。

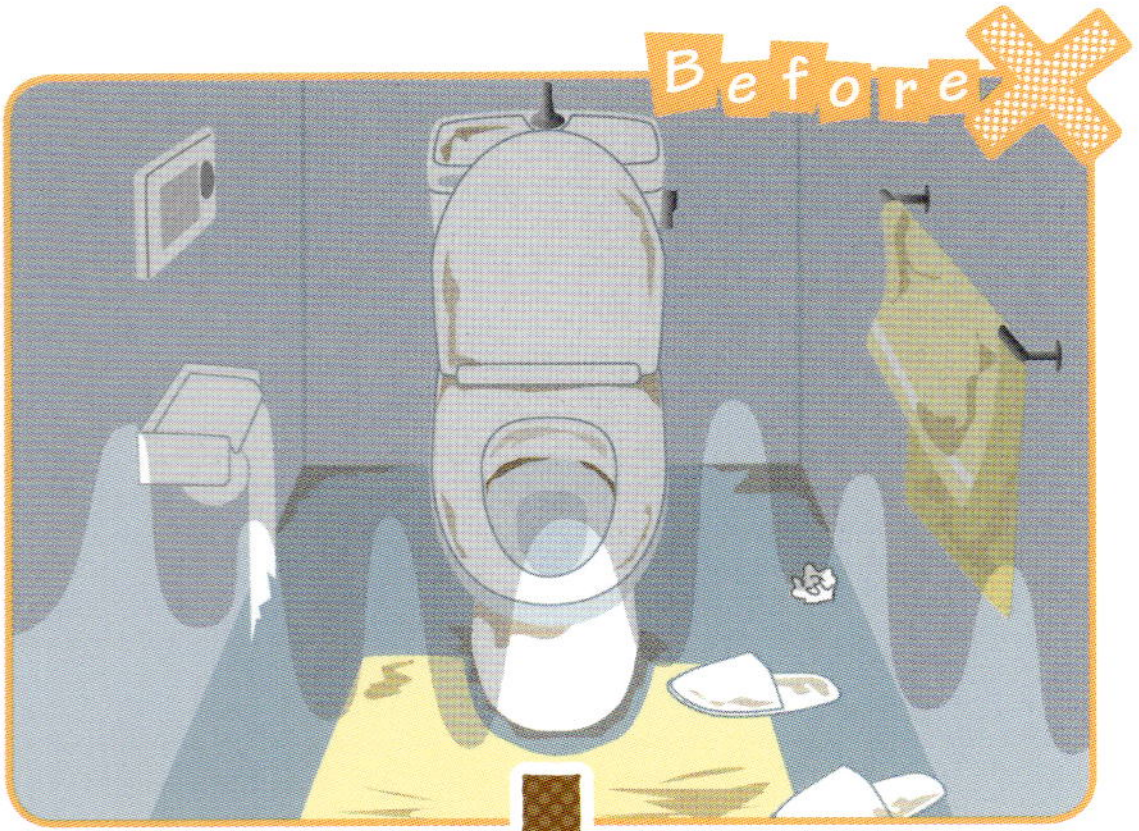
Before

After
便器の奥まで
徹底的に掃除

よく似たお悩み
ルール49 → P.83
ルール52 → P.87

ルール

49

快適なトイレ環境は運気をサポート

暗くて寒いトイレは心身に良くない影響を及ぼす

運が冷えないよう暖房対策を万全に

寒いトイレは、運気までをも冷やしてしまいます。温熱便座を使用したり、冬場はトイレ内に暖房器具を置くなどして、温かさを保つように。また、暗いトイレは不衛生になりがちなため、ほどよい明るさをキープするようにしましょう。特に、窓がなく自然光が入らないトイレは、暗くならないよう照明などで工夫を。

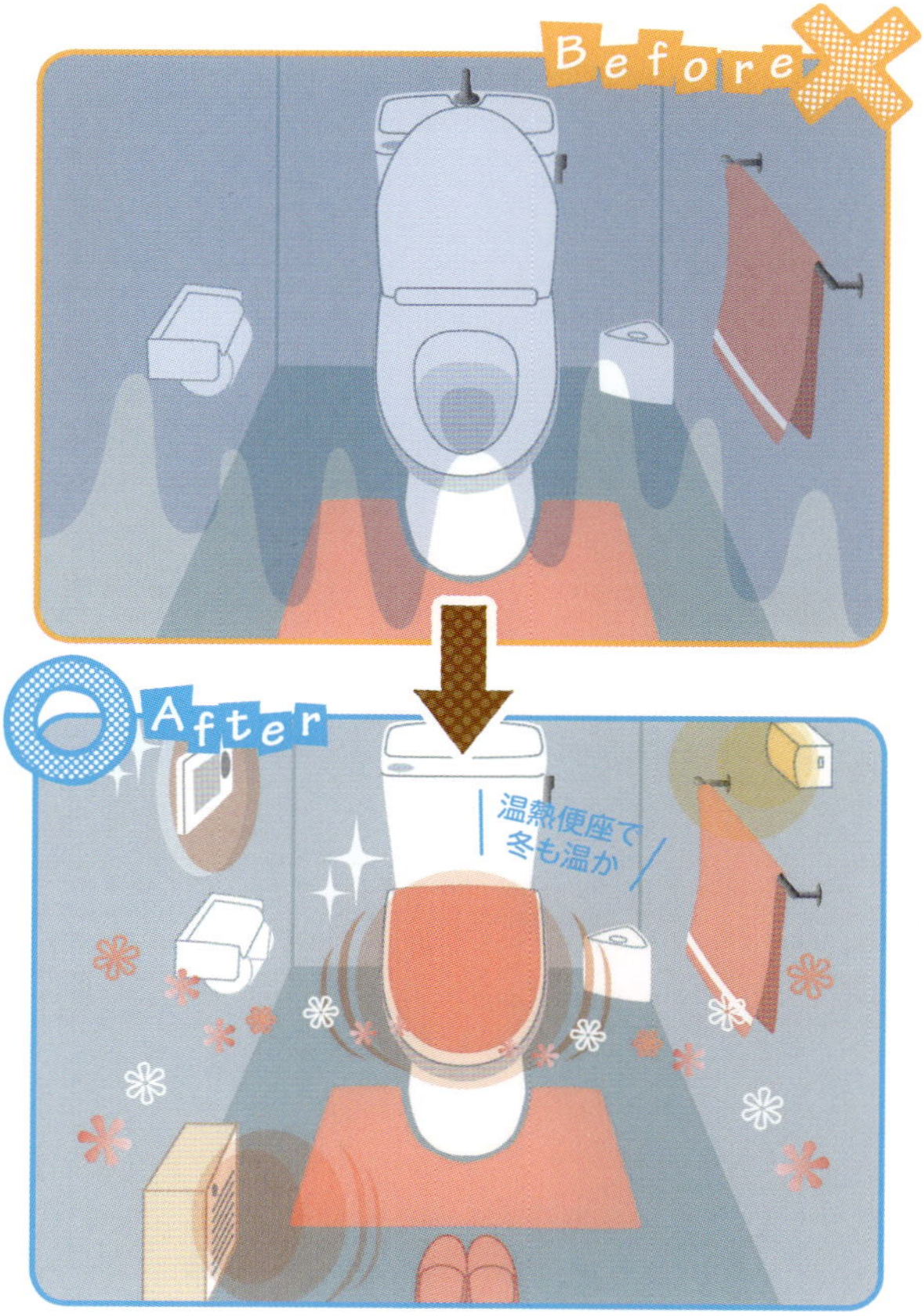
Before
After
温熱便座で冬も温か

よく似たお悩み

ルール48 → P.82

ルール52 → P.87

ルール
50

邪気である臭いは徹底的に排除

臭い対策が不十分だと悪い気がトイレ内に充満！

窓を開けてこまめに換気し蓋閉めを習慣化して

トイレ内には臭気がこもりやすく、それが邪気となって家中に悪い気を広める結果に。窓があるなら窓を開けてこまめに換気し、窓がない場合は、換気扇を回したり、空気清浄機を置いて換気に努めましょう。マイナスイオンが発生する空気清浄機を置くと、よりクリーンな空気を循環させることができるのでおすすめです。また、脱臭効果のある備長炭や、トイレの陰の気を中和する観葉植物を置いてもOK。もうひとつ、絶対に守って欲しいのは、トイレの蓋を閉めること。開けっ放しだと、悪い気が散乱してしまいます。

よく似たお悩み
ルール41 →P.72
ルール42 →P.74

今すぐ
蓋閉めの習慣を
身につけよう
Before
After
邪気が嫌う
クリーンな
トイレが目標

トイレの蓋を開けっぱなしにしていると、邪気をトイレ内に広めることになります。必ず閉めましょう

窓を開けて日常的に換気を行い、臭気一掃に努めているトイレなら、邪気の心配がありません

ユミリーのもっとハッピーアドバイス

開運トイレの秘訣は空気を浄化する盛り塩

空気を浄化する作用がある盛り塩は、不浄の場であるトイレに最適のアイテムです。同じく浄化作用の高い白いお皿に盛って、トイレのコーナーなどに置きましょう。ただし、置きっぱなしにせず、定期的に交換することを忘れずに。交換は1週間が目安です。

ルール
51

トイレのインテリアはシンプルに

にぎやかな内装だとかえって運気が低下!?

壁にカレンダーやポスターを貼らない

トイレは、シンプルで清潔感のある雰囲気が一番です。壁にカレンダーやポスターが貼ってあったり、置き物がごちゃごちゃと置いてあったりすると、邪気がそこに侵入してよどみ、運気ダウンにつながるので注意。トイレットペーパーのストックは、むき出しのままだと邪気を吸ってしまうため、見えないところに収納しましょう。

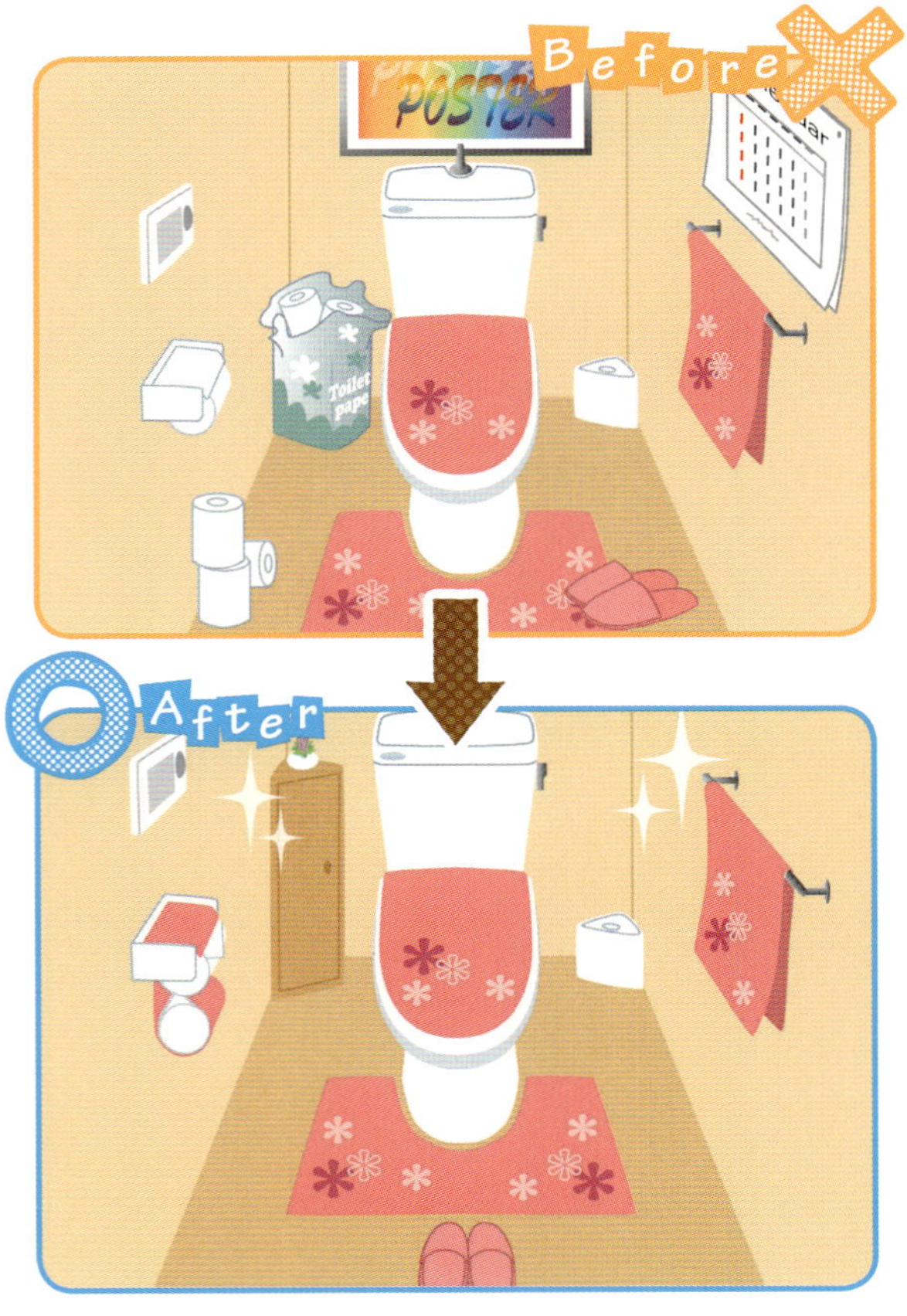

よく似たお悩み
ルール37 →P.64
ルール43 →P.75
ルール55 →P.92

ルール

52

風水的トイレの必需品を忘れずに！

マットやスリッパがないと邪気が足元から侵入し運気ダウン

トイレに必要なのは悪い気を払うアイテム

トイレに多い水の気は、床のほうにたまりがち。トイレマットやスリッパがないと、その悪い気をそのまま体に吸収してしまうので、必ず置くようにして。トイレが冷え、運気が下がることを防ぐこともできます。また、手を拭くタオルを常備して。邪気をしっかり払うために必要です。タオルは一週間に一度交換しましょう。

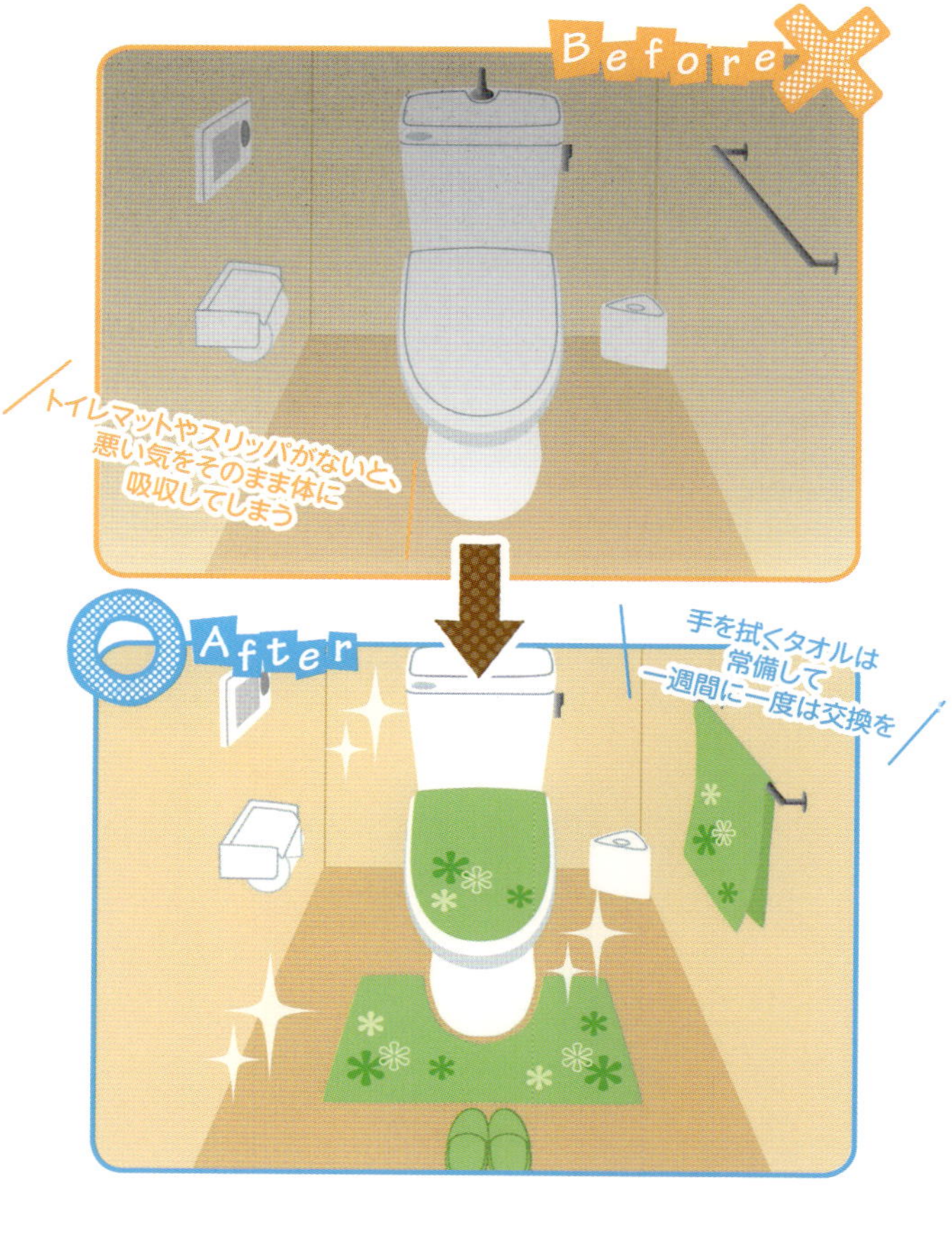

Before
トイレマットやスリッパがないと、
悪い気をそのまま体に
吸収してしまう
After
手を拭くタオルは
常備して
一週間に一度は交換を

よく似たお悩み

ルール48 → P.82

ルール49 → P.83

仕事部屋編

集中できる独立した部屋が○。仕事運の発展を支えます

ワークスペースのインテリアを疎かにしないで。ビジネスでの明暗を分けます。

壁

仕事部屋は独立した空間が最適。人が出入りする賑やかな場所だと、気が乱れ集中力が欠け、仕事運に響きます。

→P.91へ

照明

リビングやダイニングほどの明るさは必要ありません。落ち着いて仕事に集中できる適度な明るさをキープして。

→P.91へ

4

小物

企画力アップには、カレンダーが効果的。ピラミッド型の小物は、プロジェクトを成功に導いてくれます。

→P.92へ

本棚

書類や本は、棚にきれいに収納しましょう。気が整い、仕事の効率も上がります。趣味の物を並べる時も同様に。

→P.92へ

デスク

大きな机が適しています。作業スペースを広めにとり、机の上がごちゃごちゃと乱雑にならないように。

→P.90へ

ルール

53

ドアからの気を受ける机の配置が○

デスクが壁を向いていると仕事運が停滞する

視界が開けた環境だと仕事に意欲的になれる

書斎や仕事部屋の机が壁向きだと、目の前が閉ざされ、気の流れも悪くなって、思考が煮詰まり、仕事の効率がダウン。デスクは必ず壁や窓を背にし、ドアに向けて配置して。ドアから入ってくる気を正面から受けることで、仕事に対する姿勢がより前向きに。研究者や作家なら、壁向きのデスクでも集中力が高まり、OKです。

Before
机が壁向きだと、
仕事の効率がダウン

After
ドアから入ってくる気を
正面に受けて、
仕事に対する姿勢を
前向きに

よく似たお悩み

ルール67 → P.116

ルール

54

集中できる環境づくりが大切

独立したスペースを設けないと仕事のミスが増えてしまう

人の出入りが多いと気が乱れ仕事運低下

リビングの一画など、人の出入りが多い場所に仕事用スペースを設けると、気が乱れ仕事運に良くない影響を与えてしまいます。気持ちも落ち着かず、集中力が低下して、ミスも増える結果に。できればパーテーションで区切るか、独立した部屋をもちましょう。また、照明器具を置き、適度な明るさを維持することも大切です。

Before
After
気持ちも落ち着き
集中力もアップ

よく似たお悩み

ルール24 →P.43

ルール65 →P.110

ルール

55

本や雑貨は整然と並べ気を整えて

雑然としたインテリアでは仕事で成功をおさめられない

気がスムーズに巡れば仕事もはかどる

仕事の効率をあげたいなら、気の流れが良いインテリアを目指しましょう。大きすぎる家具は圧迫感を与える上、気の流れを遮るので、仕事部屋に配するのは避けて。机は作業スペースが広いものにし、余計なものをぐちゃぐちゃと並べないこと。本や資料は、いつも整理整頓し、乱れのないように。気が乱れると、やる気が損なわれてしまいます。また、コレクションしている雑貨などを本棚や陳列棚に並べるのは、気持ちを豊かにするため吉ですが、整然と並べること。雑然とした雰囲気だと運気低下を招きます。

よく似たお悩み

ルール01 → P.10
ルール15 → P.32
ルール46 → P.78
ルール64 → P.108

仕事運を
左右するのは
ワークスペース
Before
After
机まわりを
整えると
業績もアップ

机が散らかっている人は仕事ができないと言いますが、気の流れが滞り運気が低下するので、一理ありです

きれいに片付いた仕事部屋なら、気持ち良く仕事に取り組め、集中力もアップ。いいこと尽くめです

ユミリーのもっとハッピーアドバイス

山の絵やカレンダーが企画推進パワーに

企画力が必要な場合は、カレンダーを飾って。数字がたくさん書かれたアイテムは、アイデアを呼びます。進行中のプロジェクトを成功させたいのなら、山の絵やピラミッド型のオブジェを飾りましょう。上昇パワーを味方につけることができます。

Column4

方位別の風水ルール

仕事部屋編

仕事の効率を上げ成果を出すためには、方位対策も大切なアクション。

北

夏は涼しく仕事がはかどりますが、冬は冷える場所のため、やや凶方位。換気に配慮しながら、暖房対策を十分にして。床暖房もおすすめです。

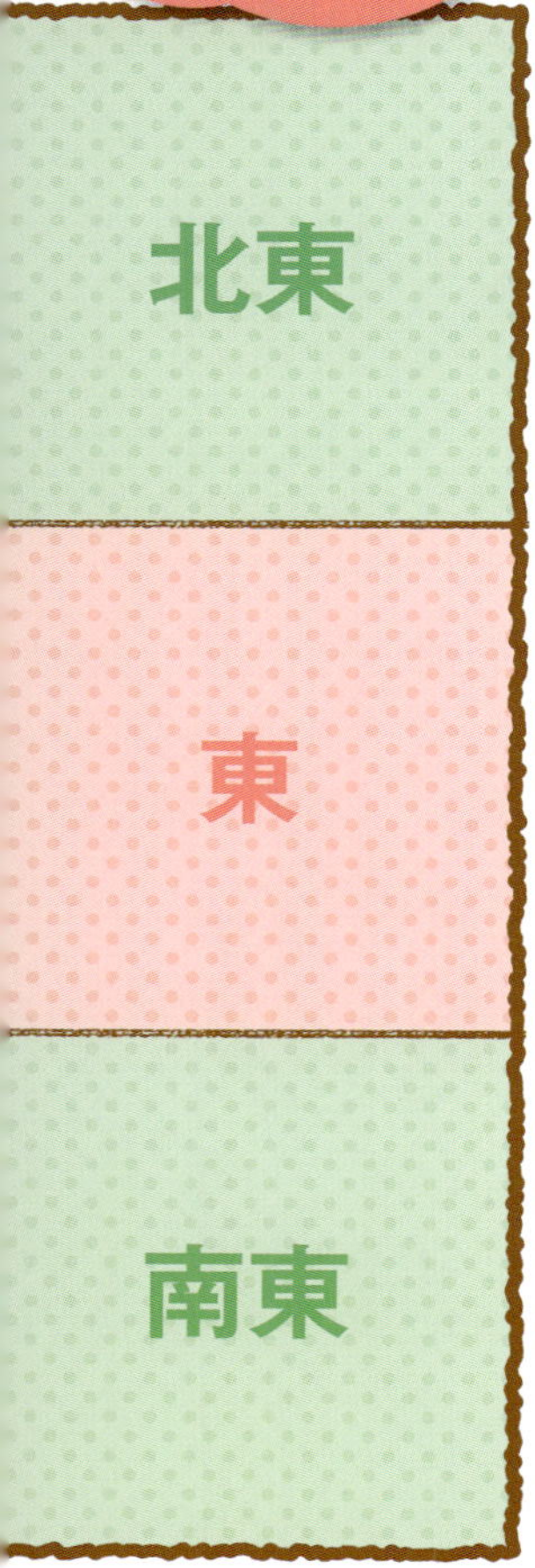

北東

北の方位ほどではありませんが、やはり寒さ、暗さが気になる場所。作業机を明るく照らす照明器具や、冬場の暖房設備は必須アイテムといえるでしょう。

東

朝日が差し込み、明るさも温かさもほどよい吉方位。クールになりすぎないよう、温かみのあるインテリアを心がければ、さらに仕事の効率がアップします。

南東

仕事部屋に好ましい方位です。風通しが悪くならないよう、換気を怠らないように。テラスやベランダなどのリフレッシュ空間があると、より吉となります。

南

十分な明るさが確保できる南の仕事部屋なら、仕事の成果も上がります。日差しが強い夏場は、カーテンなどで遮光対策をしっかり行いましょう。

あなたの家の仕事部屋の方位はどこ？

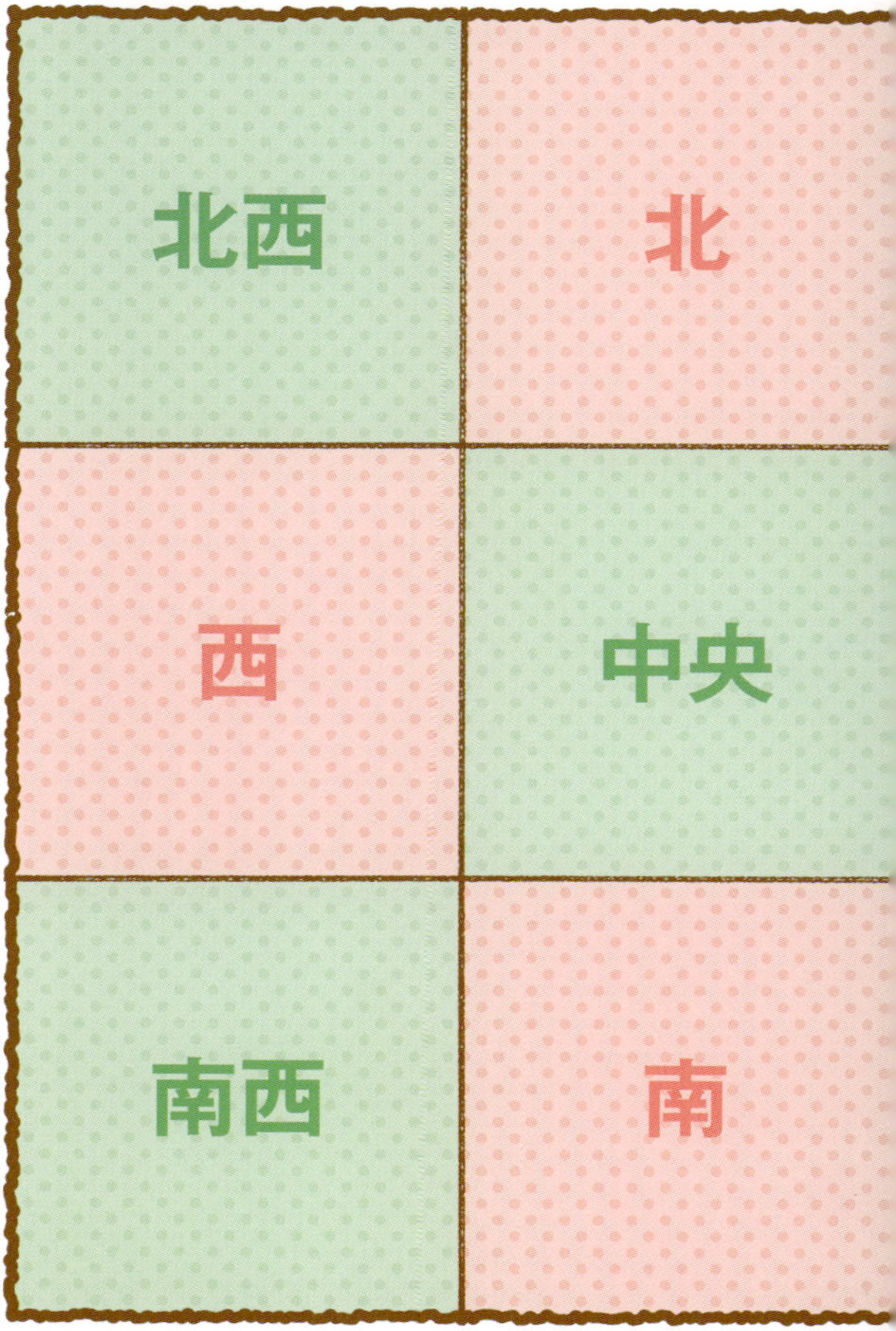

北西

仕事部屋にはまずまずの方位。夏の強い西日や、冬の北風からくる寒さへの備えは万全に。風通しが悪いと、仕事運が低下するので注意しましょう。

西

西日が強いため、仕事部屋には凶。遮光カーテンで西日対策を行い、換気設備や冷房機器を設け、夏場でも快適に仕事ができるような空間づくりを。

南西

南と西から陽が差し込むため、やや暑すぎるところがデメリット。大きな窓を設けない、断熱ガラスを用いるなどの工夫が必要です。換気を心がけて。

中央

人が頻繁に出入りするような賑やかな場所はNG。静かで、換気も十分に行える部屋なら、問題ありません。湿気がこもると、運気に悪影響を与えます。

寝室編

玄関に次いで重要なスペース。活力となる気のチャージが目的です

寝室は消耗したエネルギーを補填する場所。良い気で満たし、パワーチャージを確実に。

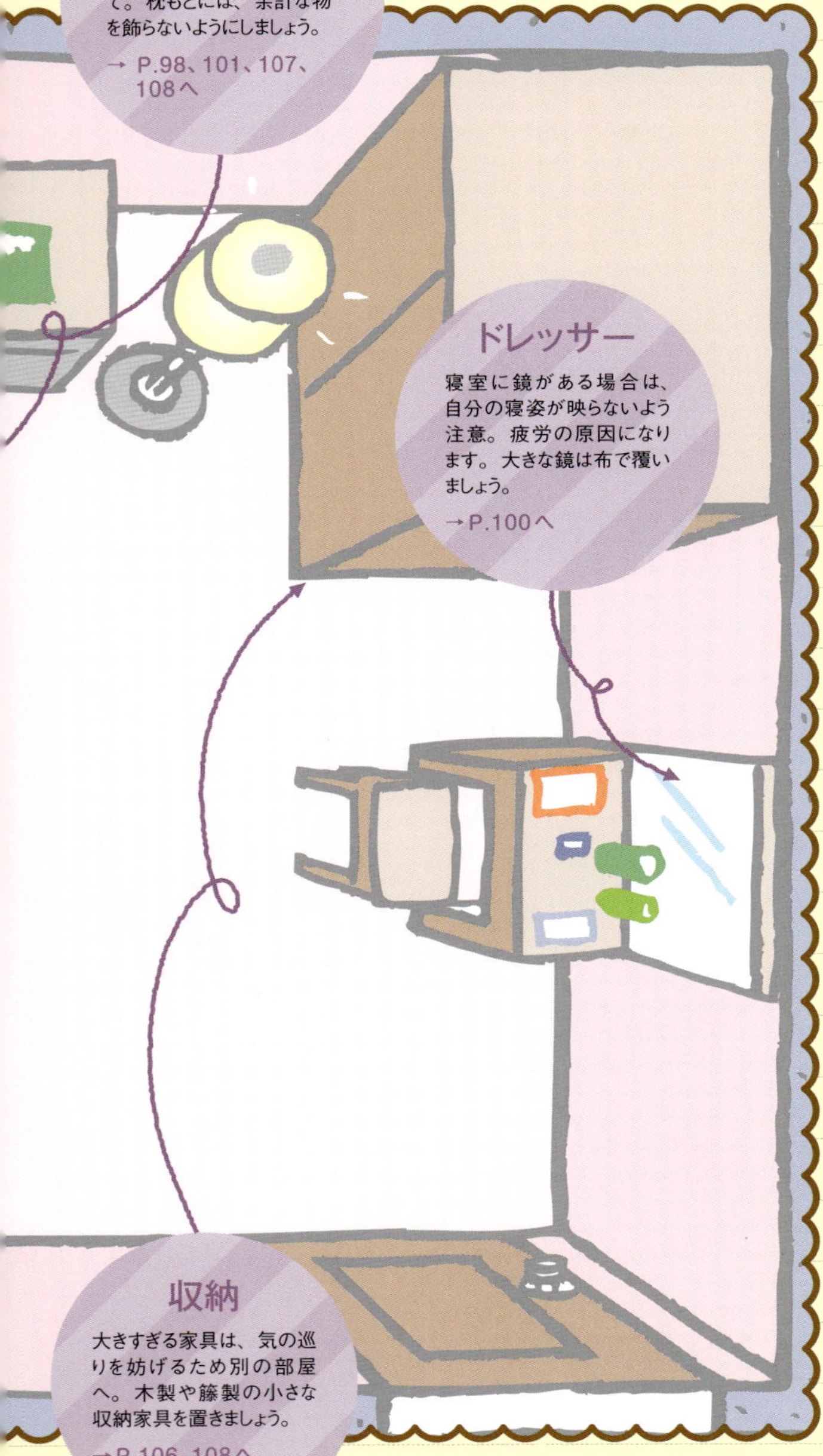

ベッド

ドアから入る気を直に受けない位置へベッドを配置して。枕もとには、余計な物を飾らないようにしましょう。

→ P.98、101、107、108へ

ドレッサー

寝室に鏡がある場合は、自分の寝姿が映らないよう注意。疲労の原因になります。大きな鏡は布で覆いましょう。

→P.100へ

収納

大きすぎる家具は、気の巡りを妨げるため別の部屋へ。木製や籐製の小さな収納家具を置きましょう。

→P.106、108へ

4

照明

ベッドの上に、ぶら下がるタイプの照明はやめましょう。エネルギーが体に突き刺さり、健康運を低下させます。

→P.102へ

窓

大きすぎる窓は、気を活発にするため安眠に不向き。窓がある場合は、カーテンを必ず吊るしましょう。

→P.104へ

小物

観葉植物を置くなら人工の観葉植物に。電化製品は穏やかな気を乱すので、できるだけ置くのは避けましょう。

→P.105、111へ

床

邪気であるホコリが溜まりやすい絨毯よりも、フローリングが吉。ベッドの下には物を置かないように。

→P.106へ

ルール

56

ベッドの置き場所で運気が変わる

ドア正面に枕がある配置はスタミナダウンの原因

ドアから入った気を前方から吸収する場所へ

寝室ではドアから入る気をどう受けるかが、運気アップの鍵となります。そのためには、ベッドや布団の位置に気をつけたいもの。一番避けたいのは、ドアの正面に枕がある配置。ドアから枕が目に入る状態は、全身で気をダイレクトに受けてしまうことを意味し、心身が休まらずスタミナダウン傾向に。また、ドア側の壁に枕がある配置もNG。人が入ってきたときに、すぐに誰だかわからず、不安な気が流れるためです。ベッドから上半身をおこしたときに、ドアから入った気を前から受けられる、そんな配置がベストです。

よく似たお悩み
ルール04 → P.14
ルール11 → P.27

ドアから枕が
全く見えない
配置も凶相です
Before
After
一日の大半を
過ごす寝室は
気の充電場所

ドアの一直線上に枕がある配置は、強いパワーを直に受けるためNG。病院のベッドのような配置が吉相です

ベッドから上半身を起こした際に、気を前方から受ける配置だと、良好な気をチャージできます

ユミリーのもっとハッピーアドバイス

風水では北枕が最適!?　気をつけたい枕の方位

古くより北枕は忌み嫌われてきましたが、風水では逆に頭を向けて寝ると望ましい方位と考えられています。北枕なら気がスムーズに流れ、金運アップも期待大。一方、好ましくない方位は南。安眠を妨げる方位と考えられています。

ルール 57

慢性疲労の原因は寝室に置かれた鏡にアリ!?

鏡を置くなら寝姿が映らない場所へ

大きな鏡がある場合は鏡面を布などで覆って

寝室の鏡に寝姿が映る場合は、レイアウト変更を。鏡が心身を疲弊させ、たくさん寝ても疲労がとれない事態に陥ってしまいます。また、寝姿が映らない配置でも、あまりに大きな鏡だと部屋に漂う気を疲れさせることに。鏡面がむき出しにならないよう、使わないときは大きな布で覆うなどの工夫をしましょう。

Before
寝姿が映る鏡は
疲労がとれない原因に
After
使わないときは
大きな布で覆って

よく似たお悩み

ルール05 →P.16

ルール

58

スチール製のベッドは運気にマイナス効果

ベッドは陽の気を養う木製がベスト

陰の気を徹底的に寝室から排除して

スチール製のベッドは陰の気を発するため、寝室には不向き。望ましいのは、陽の気をもつ木製ベッドです。もしスチール製ベッドの場合は、スチールがむき出しにならないよう、脚を白い布なので覆って。布団派の人は、寝汗でたまった陰の気をはらうべく、こまめに布団を陽《ひ》に干して。陽の気が、明日への活力になります。

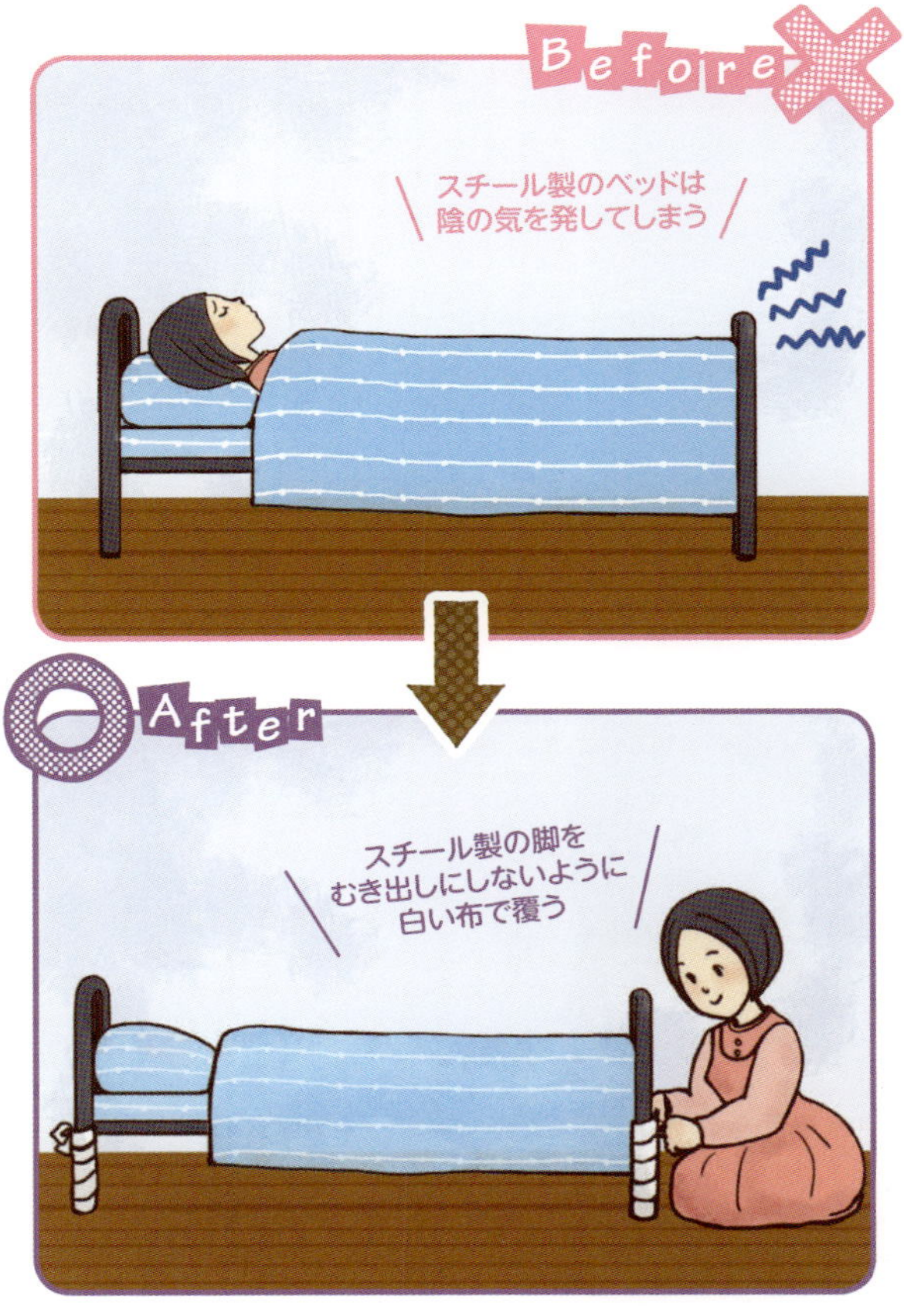
Before
スチール製のベッドは
陰の気を発してしまう
After
スチール製の脚を
むき出しにしないように
白い布で覆う

よく似たお悩み

ルール13 → P.30
ルール17 → P.35
ルール25 → P.48
ルール31 → P.56
ルール40 → P.71
ルール44 → P.76

ルール

59

寝室の照明タイプが運気の分かれ道

エネルギーが下に向かう照明は凶運

ペンダント式やスポットライトは避けて

寝室は、安らぎの空間になるよう努め、毎日安心して、気持ちよく睡眠できる環境にすることが大切です。そのために重要なアイテムとなるのが、穏やかな光を放つ照明。ただし、寝室にふさわしいタイプがあるので注意。ベッドの真上には、照明器具が垂れさがるペンダント式や、スポットライトは避けましょう。エネルギーが下に寝ている人に突き刺さる「槍《そう》殺《さつ》」の相になり、凶運を意味します。天井に取り付ける照明はあまり垂れさがらないタイプにするか、または床に置くスタンド式の照明が適しています。

よく似たお悩み

ルール09 →P.21

ルール10 →P.26

ルール26 →P.49

ルール38 →P.65

照明の位置と
デザインを
見直そう
Before
After
安眠・快眠は
運気上昇の
重要な源です

照明のエネルギーが直に降り注ぎ、心身を疲れさせます。ベッドの真上は避けるか、違うタイプの照明に変えて

穏やかな光を放つ照明は、気の充電をサポート。ベッドヘッドの照明やフロアスタンドがおすすめ

ユミリーのもっとハッピーアドバイス

真っ暗な部屋で寝るとかえって運気が低下!?

快適な睡眠のために、部屋は真っ暗のほうが良いと考えがちですが、必ずしもそうではありません。なぜなら、真っ暗な部屋は陰の気で満ち、それを吸収すると運気低下を招くからです。明かりを少しだけ残して寝るようにしましょう。

ルール

60

健康運を左右する窓辺のカーテン

カーテンのない寝室では英気を養えない

二重カーテンを吊るし活発な気の流入を防ぐ

寝室は安眠のための場所なので、本来は大きな窓がない部屋が望ましいもの。気の出入り口である窓から活発に気が流れ込むと、睡眠が妨害され、英気を養うことができないからです。窓がある場合は、気の入口を包みこんで守るためのカーテンを必ず吊るして。コットンなど自然素材のカーテンを二重にして吊るすのが吉です。

Before
大きな窓は気の流れ口。
睡眠が妨害されてしまう

After
自然素材のカーテンで
活発な気の流れを防ぐ

よく似たお悩み
ルール04 → P.14
ルール19 → P.37

ルール

61

パソコンやテレビは離れた場所へ

寝室に過度の電化製品を置くと気が乱れ運気が下がる

寝室に家電を置くなら水晶とセットが○

電化製品は、寝室の気を乱してしまいます。心身を休める場所には、できるだけ置かないようにしましょう。どうしても置く必要がある場合は、最小限のアイテムにおさえ、気を吸収しやすい枕もとは絶対に避けて。ベッドや布団から離れた場所に配置し、乱れた気をはね返す水晶を一緒に置くのがおすすめです。

Before
寝室の気を乱す電化製品。
運気が下がる原因に
After
電化製品を置くときは
水晶と一緒に

よく似たお悩み

ルール20 → P.38

ルール55 → P.92

ルール

62

ドア付近とベッドの下は片付けて

余計な荷物は気を遮り良運の妨げに

開運のツボとなるのは気が巡り、溜まる場所

寝室の出入り口付近に大きな荷物が置かれていたり、ぐちゃぐちゃと物が散乱していると、ドアから入る良い気を妨げてしまい、良運を遠ざける結果に。余計な物は片付けましょう。また、ベッドの下に物を収納するのも避けて。ベッドの下は、運気が溜まる場所。荷物でいっぱいだと、せっかくの運が留まることができません。

Before
物が散乱していると
良運を遠ざけてしまう
After
ベッド下の収納もなくし、
すっきりと

よく似たお悩み

ルール65 → P.110

ルール

63

ベッドは天井の梁を避けた配置に

天井に凹凸のある寝室は体に不調が起きやすい

不安定な気の影響を和らげる工夫を

寝室の天井に梁《はり》があり、凹凸がある場合は注意が必要。気の流れが乱れ、心身に悪影響を及ぼします。梁の下にベッドを配置するのをやめ、気の影響を受けないようにして。どうしても梁をよけられない場合は、上から薄い布をたらし寝床を覆う天《てん》蓋《がい》付きベッドにすると、乱れた気が降り注ぐのを和らげることができます。

Before
梁の下にあるベッドは
不安定な気を
受けてしまう
After

よく似たお悩み

ルール65 → P.110

ルール

64

枕もとはスッキリと物が多いと運の悪い人に!?

気の吸収源である枕もとは掃除第一

より良い気の吸収にはアロマポットが効果的

寝ている間に人は、頭からたくさんの気を吸収します。気の吸収源である枕もとが汚れていたり、物で溢れていたりすると、悪い気ばかり吸収してしまい、運気の低下原因に。枕もとにはあまり物を置かず、掃除を徹底して行いましょう。特にぬいぐるみはホコリがたまりやすく、運気を逃がす原因になるほか、恋愛運も遠ざけるので、置くのは避けて。より良い気を吸収したいなら、枕もとにアロマポットを置きましょう。心地よい香りが漂う部屋には良い気が満ち、運気の土台である活力を大いに養うことができます。

よく似たお悩み

ルール57 → P.100

枕もとの気が
乱れると
運気が低迷
Before
After
良い香りで
しっかり
パワーチャージ

活発な気を有する子どもなら、枕もとにお気に入りのぬいぐるみやオモチャを置いてもOK。大人は避けましょう

きれいに片付けた枕もとには、アロマポットを。心地よい香りが安眠へ誘い、英気をたっぷり養えます

ユミリーのもっとハッピーアドバイス

恋人や家族の写真を寝室に飾ると絆が深まる

寝室には物をたくさん置かず、スッキリ片付けることが開運への一歩ですが、ぜひ置いてほしいものがあります。それは、恋人や家族の写真。寝室に飾ることで、愛情や絆がぐっと深まり、より一層円満な関係を築けるようになります。

ルール

65

寝るスペースを仕切り安眠を確保

ドアや仕切りのない寝室は体調不良を招く

ドアのある寝室が一番 天蓋付きベッドも吉

寝室は無防備な状態になる場所。ドアや仕切りのないスペースだと、知らずと警戒心が働き、心身をゆっくり休めることができません。健康運の下降にもつながるため、安眠確保を最優先した空間づくりを。ドアがない場合は、布などで仕切るか、天蓋付きベッドにして、寝るスペースをしっかり設けるようにしましょう。

Before

After
仕切りをするために
つい立てを

よく似たお悩み
ルール24 →P.43
ルール54 →P.91

ルール 66

たくさんの植物があると反対に体調を崩す

ベッドまわりにはフェイクグリーンがベター

良い気を巡らせる植物でも寝室では逆効果

乱れた気を中和し、循環させる観葉植物は、幸せを呼ぶ風水アイテムですが、寝室には逆効果。植物は夜になると、人間と同じように酸素を吸収して、二酸化炭素を外に出すよう働くため、寝室の酸素不足を招く結果に。体調を崩すことにもなるので、寝室には人工の観葉植物（フェイクグリーン）を置くようにしましょう。

Before
After
人工の観葉植物
であればOK

よく似たお悩み
ルール56 → P.98

Column5

方位別の風水ルール

寝室編

特に凶方位はないため、各方位にふさわしいアイテムを紹介します。

北

家具を置くなら、北側か西側がベター。北の寝室におけるラッキーカラーは白。ランプシェードや寝具などを白で統一すると、良い気が流れます。

北東

北東

寝具の色は、ピンクやワインレッド、イエローがおすすめ。部屋の西側か北側に置いた鏡は運気をバックアップ。ただし、寝姿が映らないよう注意を。

東

東

東の方位は木製家具と好相性。ドレッサーや椅子など、寝室に置く家具はなるべく木製のものを選んで。カーテンは、朝日を完全に遮らない素材や厚さに。

南東

南東

ラッキーモチーフは、花柄やストライプ。色はグリーンや白が吉です。カーテン、ランプシェードなどの生地類に取り入れましょう。

南

幸せを呼ぶ色はオレンジ。赤い模様や、ワンポイント入りの寝具もおすすめ。スタンド式照明が、幸せを呼び込むラッキーアイテムです。

あなたの家の寝室の方位はどこ？

北西

上質感を意識したインテリアが、開運の鍵を握ります。家具や寝具の生地類は、質の良いものを取り入れて。マネー運にも良い作用があります。

西

ラッキーカラーは、ベージュや白、イエローなど。ピンクや白い花模様も運気を後押しします。家族の写真を飾ると、家庭運に加え金運アップにも効果あり。

南西

土と相性の良い方角。どっしりと根を張るようなイメージで、背の低い家具で室内を統一すると○。窓辺には、陶製の鉢に入れた人工の観葉植物を飾って。

中央

家の中央は、強力なパワーが得られる場所。夢を叶えたい人の寝室にぴったりです。寝具の生地類は、ラッキーカラーの黄色で統一しましょう。

子ども部屋編

成長過程はたくさんの気を吸収。良好な気で部屋を満たしてあげて

自然素材のインテリアが一番。幼児期や受験期など、成長過程に適したルールもあります。

全体

クールでスタイリッシュな空間は避け、自然素材を多用した温かみのある雰囲気に。子どもの心も安定します。

→P.118へ

床

床に物を置くのは避けて。気の流れをシャットダウンし、運気が低下。子どもの集中力も低下します。

④

子どもの机

シンプルな木製机がベスト。特に受験期は、机をドアに向けて配置すると、学力向上が期待できます。

→P.116へ

おもちゃ

おもちゃは片付ける場所を決め、散らからないように。勉強机の上に飾るのはやめて。勉強運に響きます。

ベッド

子どもの寝場所に関するルールは、大人の寝室と基本的には同じ。スチール製よりも木製ベッドが適しています。

ルール
67

勉強机はドアに向けた配置が理想

壁に向かって机を置くと発想力も運気もダウン

勉強机はシンプルな木製のものを選んで

子ども部屋で注意したいのは、机の配置です。勉強机を壁に向けて置くと、視野も発想も狭まり、学力向上に悪影響。逆に窓の外に向けた机の配置は、外からのエネルギーを受けすぎてしまい、集中力が低下します。望ましいのは、窓を背にし、ドアに向けた配置。ドアから窓へ向かうエネルギーを受けることができ、学力&運気アップが期待できます。特に受験を控えたお子さんにおすすめです。また、机は木製のシンプルなものを選んで。豊かな感性を養わせたいなら、機能満載の学習机は避けましょう。

よく似たお悩み
ルール53 →P.90
ルール68 →P.118

学習机の配置は
集中力や学力に
作用します
Before

窓の外からのエネルギーに影響を受ける一方、ドアからの良好な気を逃す配置。子どもの発想力にも悪影響

After
受験生には
最適な
レイアウト

ドアから入る気を前から受ける、おすすめのレイアウト。勉強がはかどり、発想力もアップします

ユミリーのもっとハッピーアドバイス

目的別カーテンで子どもの夢を叶える

子ども部屋で大きな面積を占めるカーテンは、目的別に選ぶことで、さらなる運気アップが望めます。受験期の子ども部屋には、勉強に集中できる縦ストライプのカーテンを。感性を伸ばしたいなら、ビビッドな色柄のカーテンを吊るしてあげて。

ルール

68

幼少期は明るく元気な子ども部屋に

ダークな色合いのインテリアはエネルギー低下につながる

植物や動物の柄を採用して動物のモビールも有効

活発で生命力に溢れている子どもたちは、多少気が跳ね返るぐらいの強いエネルギーを放つ部屋がぴったりです。特に幼少期の子ども部屋は、豊かな感性を育むべく、明るい色やカラフルな絵柄などを取り入れた元気なインテリアにしてあげましょう。大人向きのダークな色合い、クールなデザインの家具を配したインテリアでは、かえってエネルギーがダウンしてしまいます。壁紙やカーテンには、動物のモチーフや植物の柄がラッキー。また、動物のモビールを飾ると、ポジティブなパワーを充電することができます。

よく似たお悩み

ルール17 →P.35
ルール25 →P.48
ルール45 →P.77
ルール51 →P.86

躍動感のない
インテリアは
大人の部屋向き
Before
After
色柄を多用した
ポップな
子ども部屋が○

クールで大人っぽい雰囲気は、子ども部屋には不向き。ダークな色合いは、安定を求める部屋に向いています

子どもの気をより活発にするような、元気いっぱいのインテリアに。モビールを吊るしても吉

ユミリーのもっとハッピーアドバイス

木、竹などを多用した温かみのある部屋に

子ども部屋はナチュラルな素材で統一するよう心がけて。木製や籐製の家具、竹や紙のアイテムがおすすめ。ファブリック類は、コットンやリネンが適しています。自然素材は気の流れを穏やかにし、子どもの心を安定させ落ち着きを与えます。

体験談紹介

お家を変えたら こんなに運気UP!

さまざまな悩みを解消する秘訣は風水にあるかも!?
実際にお家風水で運気をUPした体験談を
ご紹介しましょう。

体験談 01

仲良しご近所と険悪な関係に…。原因は、向き合う玄関にあった

——M・Kさん（43歳）

住宅街の戸建てに暮らすMさん一家。ご近所と友好な関係を築いていましたが、些細なことから向かいの家に住む一家との関係がギクシャクし始め、険悪なムードになってしまいました。お話をうかがったところ、その原因が「玄関」にあることがわかりました。Mさん宅と向かいの家は、道路を一本隔て向き合うように建ち、玄関もまっすぐ向き合っていたのです。まるで睨みあう敵のよう。これでは気がぶつかり合い、不仲になって当然です。気がぶつからないよう門の位置をずらし、玄関への通路部分に植栽を施すことを提案。見事、関係改善が叶いました。

体験談
02

下降運を呼び込む玄関のせいで新生活が不運の連続！

——K・Sさん（27歳）

結婚を機に新生活をスタートさせたKさん夫婦。ところが引っ越しをした途端に、良くないことが続き、せっかくの新婚生活に暗雲が垂れこめてしまいました。その引き金になっていたのは、マンションの玄関。道路よりも階段を数段降りた低い位置にあり、マイナスの運気を呼び寄せてしまう相だったのです。玄関は、道路よりも高い位置にあるのがベスト。その場合、上昇運をキャッチしやすく、運気にプラスに働きます。しかし幸いなことに賃貸物件だったため、Kさん夫婦は上昇運を呼び込む新たなマンションへ引っ越しされ、不運から脱しました。

体験談
03

別れを受け入れてくれない彼。南に水を置いたら、即関係解消！

——H・Yさん（33歳）

恋人と腐れ縁のような関係を続けていたY子さん。別れを望んでいましたが、なかなか縁を切ることができずにいました。そこで、部屋の南に泥水やにごった水を置くようアドバイス。汚れた水は、淀んだ気を意味し、ふたりの関係を解消方向へ。さらに火と水の気がぶつかりあうことで、強力に別れを促します。効果はすぐに現れ、円満に別れることに成功。より良い縁を求める、Y子さんの強い気持ちもあってこその結果であることを、付け加えておきます。

体験談
04

家庭内暴力が絶えない家には“生花”が一番の処方箋

——I・Hさん（43歳）

よくある相談のひとつに、家庭不和や家庭内暴力があります。本来なら心を通わせ支え合って暮らすはずの家族。その関係が良好でないことは、大きな悩みであり、同時に家族全体の運気や健康運の低下を招きます。そうしたお悩みを持つ方々に、私がおすすめするのは生花を飾ることです。家庭内にトラブルを抱えている家には、たいてい観葉植物や生花がありません。生きた気がないのです。生気が漂う家であれば、心が殺伐とすることもなく、家庭円満が叶います。心当たりのある方は、ぜひ試してみてください。

体験談
05

鬼門にトイレがある家は凶運。対策を十分にすれば運気上々に

——H・Rさん（37歳）

これまで何千軒もの家をみてきましたが、東北の方位にトイレがある家は、発展運が乏しく金運アップもなかなか期待できません。残念ながら、東北はトイレにもっともふさわしくない鬼門にあたることから、この傾向は顕著です。でも打つ手がないわけではありません。掃除を徹底し、白を基調にしたインテリアにする、空気を浄化する炭や空気清浄機、イオン発生装置を置くこと、塩を盛ること。この対策をすれば、どの家も運気が上昇傾向に変わります。東北にトイレがあっても、決してあきらめないでください。

体験談
06

災難に見舞われ続けた一家 家中の湿気対策で運気が好転

——E・Aさん（51歳）

家族に次々と災難が降りかかり、困り果てていたEさん一家。相談を受け、私が提案したことのひとつは、家中の湿気対策をすることでした。カビや臭いのもとである湿気は、邪気。運気上昇を拒む大敵です。入浴を終えたら、お風呂場の水滴を残らず拭き取ること、台所を使い終わったら、シンクなどの水滴をきれいにふき取ること、換気を徹底することなどを実践していただき、湿気撲滅に努めてもらいました。元々Eさんの住まいは、湿気がちな家だったこともあり、効果はてきめんに現れました。みなさんも湿気にはくれぐれも気をつけてください。

結婚したい人におすすめ

ユミリー流婚活アクション

良縁に恵まれない、結婚したいという相談には、ユミリー流婚活アクションを紹介しています。そのひとつが、風水で恋愛の方位と考えられている「桃花位」の活用。干支が卯・未・亥の人は北、寅・午・戌の人は東、丑・巳・酉の人は南、子・辰・申の人は西が桃花位に当たります。それぞれの桃花位に生花を飾り、クリスタルやローズクォーツなどのパワーストーンを置いてください。金魚や熱帯魚を飼ったり、桃花位を寝室にしても○。この婚活アクションで運命の相手を見つけたという報告が、複数寄せられています。ぜひトライしてみてください。

運別逆引きインデックス

全体運

- 物であふれる玄関は幸運を逃す！……10
- 玄関マットがないと邪気が侵入してしまう……12
- 水気は不運のもと 傘や傘立ては玄関の外に……13
- 正面に窓があると運気を逃す結果に……14
- 一匹だけの置物はかえって運気に悪影響……18
- 暗い玄関は家運も暗くしてしまう……21
- ソファの配置によって開運度が変わる!?……27
- 床が散らばった部屋はあらゆる運の低下を招く……32
- 運気の土台である床はむき出しにしないよう注意……34
- クッションの数や色が運気を左右する……35
- 壊れたモノ、欠けたモノは運気も壊してしまう……36
- カーテンのない部屋は良い気が巡らない……37
- 電化製品の多い部屋は気の流れが乱れがち……38
- トイレと隣り合わせだと英気を奪われる……43
- テーブルの素材や形で気の巡りが変わる……48
- 扉のない食器棚は良い気を奪う……50
- イライラの原因は水まわりのプラスチック製品!?……56
- 冷蔵庫のぺたぺたメモは不幸のはじまり!?……58
- 薄暗いキッチンはマイナスの気を呼び寄せる……65
- バスマットがない家は開運効果があがらない……70
- 黒いアイテムは陰の気を充満させる……71
- 換気が不十分な浴室だと幸運を逃してしまう……72
- バスタブの残り湯は好ましくない気の温床に……74
- 不運の原因は、小物の並べ方にあった!?……75
- 無機質すぎるバスルームは良運に嫌われる……77
- ぐちゃぐちゃの洗面台だと運気が停滞気味に……78

むき出しの洗濯物は美容運・恋愛運をマイナス…79
臭い対策が不十分だと悪い気がトイレ内に充満！…84
にぎやかな内装だとかえって運気が低下!?……86
マットやスリッパがないと邪気が足元から侵入し運気ダウン…87
スチール製のベッドは運気にマイナス効果……101
寝室の照明タイプが運気の分かれ道……102
寝室に過度の電化製品を置くと気が乱れ運気が下がる…105
余計な荷物は気を遮り良運の妨げに……106
枕もとはスッキリと 物が多いと運の悪い人に!?…108

健康運

たたきが汚れた玄関は不幸のはじまり……20
蓋なしのゴミ箱だと運気がダウン！……55
キッチンマットがないと体調を崩しがちに……59
汚れたキッチンは金運ダウンを加速させる……62
大量に溜まった洗いものは出費やケガのもと……64
薄暗いキッチンはマイナスの気を呼び寄せる……65
換気が不十分な浴室だと幸運を逃してしまう……72
石や岩を多用した空間は心身を疲弊させる……76
掃除がおろそかなトイレは健康運に悪影響……82
暗くて寒いトイレは心身に良くない影響を及ぼす…83
ドア正面に枕がある配置はスタミナダウンの原因…98
慢性疲労の原因は寝室に置かれた鏡にアリ!?……100
寝室の照明タイプが運気の分かれ道……102
カーテンのない寝室では英気を養えない……104
寝室に過度の電化製品を置くと気が乱れ運気が下がる…105
天井に凹凸のある寝室は体に不調が起きやすい…107

運別逆引きインデックス

- ドアや仕切りのない寝室は体調不良を招く……110
- たくさんの植物があると反対に体調を崩す……111
- ダークな色合いのインテリアはエネルギー低下につながる…118

金運

- 玄関正面にある鏡は良好な気を跳ね返す……16
- たたきが汚れた玄関は不幸のはじまり……20
- 暗い玄関は家運も暗くしてしまう……21
- タンスが窓側向きだと金運がピンチ！……31
- 西日が強い部屋はお金が逃げていく！……40
- 蓋なしのゴミ箱だと運気がダウン！……55
- シンク下収納の乱れは散財の引き金に!?……61
- 汚れたキッチンは金運ダウンを加速させる……62

- 換気が不十分な浴室だと幸運を逃してしまう……72
- 掃除がおろそかなトイレは健康運に悪影響……82

仕事運

- 玄関正面にある鏡は良好な気を跳ね返す……16
- たたきが汚れた玄関は不幸のはじまり……20
- 食料ストックの出しっぱなしは仕事運の低下を招く…60
- デスクが壁を向いていると仕事運が停滞する……90
- 独立したスペースを設けないと仕事のミスが増えてしまう…91
- 雑然としたインテリアでは仕事で成功をおさめられない…92
- 壁に向かって机を置くと発想力も運気もダウン…116

恋愛運

● ぬいぐるみや人形は恋愛・結婚を遠ざける …… 41
● バスタブの残り湯は好ましくない気の温床に …… 74
● むき出しの洗濯物は美容運・恋愛運をマイナス …… 79
● 余計な荷物は気を遮り良運の妨げに …… 106
● 枕もとはスッキリと 物が多いと運の悪い人に!? …… 108

家庭運

● 表札がない家は運気が発展しづらい …… 17
● 観葉植物のない家は争いごとが起きやすい …… 28
● クールすぎるインテリアは殺伐とした人間関係を招く …… 42
● ダイニングが暗いと家族の運気が下がる …… 49
● 食卓に生気がないと家庭不和が生じる …… 51
● コンロ&冷蔵庫の組み合わせは家庭内のいざこざを増やす …… 54

社交運

● 暗いリビングは人を遠ざけてしまう …… 26
● ソファの配置によって開運度が変わる!? …… 27
● 革製のソファや椅子だと人間関係が悪化 …… 30
● クールすぎるインテリアは殺伐とした人間関係を招く …… 42

直居由美里（なおい ゆみり）

風水建築デザイナー。「ユミリープランニングスペース」代表。学問として、風水、家相学などを30年にわたり研究し、独自のユミリー風水を確立。「人は住まいから発展する」というユミリーインテリアサイエンスの理念のもと、風水に基づいた家づくりが評判に。芸能人や各界のセレブにもファン多数。テレビや雑誌、講演会のほか、企業のコンサルタントとしても活躍中。各文化センターの講師としても好評を得ている。

著書は『九星別ユミリー風水』（大和書房）、『ユミリー風水2012年幸せの波動表』（主婦と生活社）、『ユミリー風水家相事典』（永岡書店）、『ユミリー風水で幸運を呼ぶ パワーストーンインテリア』（池田書店）など多数。毎年「ユミリー開運風水ダイアリー」（永岡書店）を発行。

編集協力	スタジオダンク
執筆協力	仁平綾
写真撮影	大崎聡
ヘアメイク	今森智子
衣裳協力	ユキトリヰ
本文デザイン	スタジオダンク
本文イラスト	ゆぜゆきこ、イナアキコ、長崎イラストレーションスタジオ

ユミリーのやってはいけない お家風水ルール68

2011年11月25日　初版発行

著　者	直居由美里
発行者	佐藤龍夫
発　行	株式会社 大泉書店
住　所	〒162-0805 東京都新宿区矢来町27
電　話	03-3260-4001(代)
FAX	03-3260-4074
振　替	00140-7-1742
印刷・製本	凸版印刷株式会社

URL　http://www.oizumishoten.co.jp/
ISBN 978-4-278-04051-7 C0039

落丁、乱丁本は小社にてお取替えいたします。
本書の内容についてのご質問は、ハガキまたはFAXにてお願いいたします。